凌 飛 著
Ling Fei

現代日本語の文末形式

「(の)ではないか」

専修大学出版局

目　　次

第3章 各バリエーションの使用傾向と使用頻度

序　論

　「（の）ではないか」という形式は日本語学習者にとっては難しい表現であり、誤用も生じやすい。一つの原因として、バリエーションが多数存在することが考えられる。例えば、「（の）ではないか」のバリエーションとして、「（の）ではないの」、「（の）ではないですか」、「（の）じゃないか」、「（の）じゃありませんか」などが挙げられる。

　そしてもう一つ大きな原因として、「（の）ではないか」の用法が多く存在し、使いこなすのが困難であることが考えられる。従来の研究によると、「（の）ではないか」の基本的用法として、発見（例文（1））、確認要求（例文（2））といった用法を持っているという。

(1) これはすごい、純金ではないか。　　　　　　　　　（『日本語文型辞典』）

(2) 　A：同級生に田中さんという女の子がいたじゃないか。
　　 　B：ああ、髪が長くてやせた子ね。　　　　　　　　（職場コーパス）

　しかし、そのどちらにも入りにくい例も存在する。例えば、

(3) 09C：踏み台の、うー、下の、カバーがですねー、変形していますんで一、歩くときに足をひっかける危険性ありますんで、そのへんの見直しを、あー、されたほうがいいんじゃないかと思います。　（職場コーパス）

(4) 子路としては先ず己の主人を救い出したかったのだ。さて、広庭のざわめきが一瞬静まって一同が己の方を振向いたと知ると、今度は群集に向って煽動を始めた。太子は音に聞えた臆病者だぞ。下から火を放って台を焼けば、恐れて孔叔を舎すに決っている。火を放けようではないか。火を！

（中日対訳コーパス）

　例文（3）は話し手自身の意見や見解を表す例であり、新しい発見でも、聞き手に確認要求をしているわけでもない。例文（4）は話し手が自分の主人を救い出すために、放火をする決意を表す例であり、発見と確認のどちらにも入りにくい。

　さらに、発見を表す用例（5）〜（7）（筆者による作例）は言い換えられ、ニュアンスの差もあまりない。

（5）ここにある<u>ではないか</u>。

（6）ここにある<u>じゃないか</u>。

（7）ここにある<u>じゃん</u>。

　しかし、「（の）じゃないか」は「（の）ではないか」のバリエーションの一つであるが、「じゃん」は「（の）ではないか」のバリエーションではなく、あくまでその類似表現である。そうすると、「（の）ではないか」と「じゃん」は意味・機能において、完全に重なるのか、両者の間には相違点がないのか、という問題を究明する必要が出てくる。

　筆者は修士課程から「（の）ではないか」を扱っており、修士論文で「（の）ではないか」の用法を記述的にまとめた。しかし、当時、例文を収集する際に利用したのは「中日対訳コーパス」であり、そのデータは全て古い小説であるため、妥当性に欠ける部分もあると考える。したがって、今回はコーパスを増やし、更に深い調査を行い、「（の）ではないか」の用法と分類を再検討する。

　なお、本論の構成は以下の通りである。

　第1章では、「（の）ではないか」と「じゃん」に関する先行研究をまとめる。

　第2章では、現代日本語書き言葉均衡コーパス（以下はBCCWJと呼ぶ）を用いて、「（の）ではないか」のバリエーションを調査し、整理する。

　第3章では、BCCWJ から収集した「（の）ではないか」のバリエーションが各レジスターにおける分布を見て、それぞれの使用頻度と使用傾向を明らかにする。

　第4章では、「女性のことば＿男性のことば＿職場編」（以下は職場コーパスと呼ぶ）[1]という会話コーパスから収集した用例を分析し、「（の）ではないか」の新たな分類法を試みる。そして、各分類の相違点及び各用法間の関係についても論じる。

　第5章では、「（の）ではないか」の類似表現である「じゃん」について述べる。まず、日本語話し言葉コーパス（以下は CSJ と呼ぶ）等を用いて「じゃん」の実態調査を行う。そして、CSJ と職場コーパスから収集した用例を分析し、実際に使われる「じゃん」の用法をまとめる。最後に、「（の）ではないか」と「じゃん」と比較を行い、両形式の相違点を明らかにする。

---

[1]　本研究が使用したのは『合本　女性のことば・男性のことば（職場編）』付属の CD-ROM のデータである。現在、中納言において、現日研・職場談話コーパス（職場コーパス）としても使用できる。

第1章　先行研究の概論

1.1　はじめに

　本章では、本研究と関係する先行研究を記述し、整理する。まず1.2において、「(の) ではないか」の意味・機能と関係のある先行研究を記述し、本研究で扱う研究対象を明らかにし、更に筆者の「(の) ではないか」の分類基準を明らかにする。次の1.3において、文法化と関係する先行研究を扱い、「(の) ではないか」の各分類の文法化の度合いの論述に理論づける。最後の1.4において、「じゃん」の先行研究を扱う。

1.2　「(の) ではないか」の先行研究

　この節において、「(の) ではないか」の分類、意味・機能に関する先行研究として、田野村 (1988)、蓮沼 (1993)、三宅 (1994)、安達 (1999)、宮崎 (2000) と張 (2004) を挙げる。さらにグループジャマシイ (1998) による『日本語文型辞典』での分類方法を扱う。

1.2.1　田野村 (1988)

　田野村 (1988) は、「(の) ではないか」[2]という形式を含む全ての否定疑問文に関して、全般的に考察し、「(の) ではないか」を構文・音調・意味上の区別から3分類している。

---

2)　田野村 (1988) では「ではないか」という表記を使用している。

第1類：発見した事態を驚きなどの感情を込めて表現したり、ある事柄を認識するよう相手に求めたりするものである。

　　　「よう、山田<u>じゃないか</u>。」（下線は筆者によるものである。以下も同様）

　　　「何をする、危ない<u>じゃないか</u>。」

　　　「自分から言い出したん<u>じゃないか</u>。」

第2類：推定を表す。

　　　「（不審な様子から）どうもあの男犯人<u>じゃないか</u>？」

　　　「（空模様を見て）雨でも降るん<u>じゃないか</u>？」

第3類：「ない」が否定辞本来の性格を発揮する。

　　　「（1は素数でないことを教えられて）そうか、1は素数<u>じゃない</u><u>か</u>。」

　　　「（1ガ素数デナイト君ハ言ウガ得心デキナイ）本当に1は素数<u>じゃ</u><u>ないか</u>？」

　この「（の）ではないか」についての3分類は後の研究に非常に有益だと思われる。本研究における「（の）ではないか」の用法分類は田野村（1988）を基本とする。

　また、田野村（1988）によると、第1類の「（の）ではないか」は体言または用言に接続するのに対し、第2類の「（の）」ではないか」は体言に接続するのみであるため、用言に接続する場合、「のだ」を含まなければならない。この場合の「の」が「のだ」の「の」と同一視すべきものであることを指摘している。また田野村（1990：第10章）でも「（の）ではないか」に含まれる「のだ」には本来の文法的な機能はなく、「（の）ではないか」は「のだ」を含む形で複合辞化していると論じている。しかも、「（の）ではないか」自体も「のだ」は分化するので、第1類は必ずしも「の」がないとは限らない。また第2類も必ずしも「の」が含まれてくるとは一概に言えないため、本研究において、「（の）ではないか」という表記をとる。

1.2.2　蓮沼（1993）

　蓮沼（1993）は「共通認識喚起」という機能を持つ 2 つの形式「ではない
か」と「だろう」の用法及びその派生について考察を行っている。

　蓮沼（1993）は「ではないか」と「だろう」の用法を比較しながら、「（の）
ではないか」には発見の驚き、話し手の評価、伝聞情報確認と意志決定・勧誘
の表明という 4 つの固有の用法を有していることを指摘している。そして、
「（の）ではないか」は「だろう」と共有される用法として、現場の対象につい
ての認識喚起、既有の共通知識の喚起、共通判断の喚起、想定世界の共有喚起
と談話世界の共有喚起という用法があることも論じている。

　蓮沼（1993）は「ではないか」の用法を概観したが、用法の分類基準は明確
にされていない。

1.2.3　三宅（1994）

　三宅（1994）では、他の形式による確認要求の表現との相関に注目しなが
ら、「ではないか」という形式を伴った否定疑問文が確認要求的表現としての
意味・機能を有する場合の諸相について記述的に論述している。三宅（1994）
は「（の）ではないか」を意味・機能において大きく「デハナイカ I 類」と
「デハナイカ II 類」の 2 種類に分けている。その分類は下の表 1 の通りである。

表 1　三宅（1994）による「（の）ではないか」の分類

デハナイカ I 類	驚きの表示	
	知識確認の要求	「潜在的共有知識の活性化」
		「認識の同一化要求」
	弱い確認の要求	
デハナイカ II 類	推測	
	命題確認の要求	

この分類は田野村（1988）の類別に基づくものである。「デハナイカⅠ類」は田野村（1988）の第 1 類に相当し、「デハナイカⅡ類」は田野村（1988）の第 2 類に相当する。本研究も「（の）ではないか」の分類を行う際に、三宅（1944）を参考にする。

1.2.4　野田（1997）

　野田（1997）は「（の）ではないか」の「の」の存在を理解するのに非常に有益である。野田（1997）によると、「のだ」には、ムードの「のだ」（「のだ」の形でムードの助動詞化した「のだ」）とスコープの「のだ」（「の」＋「だ」という組成のままの性質に近い「のだ」）がある。

　ムードの「のだ」は、提出する命題と状況との結びつきを示すために用いられる。このような「のだ」は「説明」、「命令」、「決意」など話し手の心的態度を表している。

　スコープの「のだ」は、文を名詞句化し、「述語によって示される事柄の成立」以外の部分を否定・疑問・断定などのフォーカスにするために用いられる。

　ムードの「のだ」とスコープの「のだ」は、それぞれ単独で現れることもあれば、両者が重なって現れることもあると指摘し、両者は全く異なるものではなく、連続性を持つものだと論じている。

1.2.5　安達（1999）

　安達（1999）は、日本語の疑問文に話し手の主観性がどのように投影しているかという観点から否定疑問文、「のではないか」、「だろう」と「ではないか」の四形式について考察を行っている。安達（1999）によると、「（の）ではないか」は実現する話し手の判断を聞き手に持ちかけ、認識を要求したり確認を求めたりする確認要求の形式であり、示唆的な見解を提示するものである。しかし、安達（1999）は主に「（の）ではないか」の確認要求用法について論じているが、それ以外の用法についてあまり論じていない。

1.2.6　宮崎（2000）

　宮崎（2000）は、現代日本語における確認要求表現の位置づけについて考察している。

　宮崎は確認要求表現を聞き手誘導型と聞き手依存型の 2 類型に分類し、「デハナイカ」の他に、認識系確認要求表現「ダロウ」、「ノデハナイカ」と「ネ」、当為系確認要求表現「ダロウネ」、「ヨネ」、「ノデハナイダロウネ」と「ノデハナカッタカ」を扱っている。

　宮崎（2000）によると、「デハナイカ」は他の認識要求表現と区別され、聞き手誘導型に属し、また意志表現と共起したり、聞き手の存在を前提としない自己確認に使用できる点でも、他の表現と異なるという。

　また「デハナイカ」は確認要求表現として、話し手内部での認識確立（自己確認）と聞き手を巻き込んでの認識確立とがあるという。この点は次に紹介する張氏の主張と共通しているとも言える。張氏は「（の）ではないか」の用法を分類する際に、聞き手に共通認識を要求するか否かを基準としている。要するに、聞き手を巻き込むか否かの問題でもある。

1.2.7　『現代日本語文法 4』（2003）

　『現代日本語文法 4』（2003）によると、「（の）ではないか」（田野村（1988）の第一類に相当する）は話し手に何らかの判断が成立しているということを前提として、聞き手にその判断を問いかけ、確認を求めるという機能をもっているものだと、いわゆる確認要求の疑問文である。

　更に「（の）ではないか」は発話現場での認識成立を表す疑問形式でもある。「（の）ではないか」（田野村（1988）の第二類と第三類に相当する）は否定疑問文のほかに、認識のモダリティの形式でもある。

1.2.8　張（2004）

　張（2004）は「ではないか」について全般的に調査を行い、話し手が聞き手に共通認識を要求するか否かを基準に、それまで研究されてきた確認用法及び

指摘されていない確認以外の用法について述べている。張氏による「ではない
か」は、田野村（1988）の第1類に当たる。そして、田野村（1988）の第2類
に当たるものを「のではないか」と表記している。

　張氏は聞き手に共通認識を要求しない場合、「ではないか」の用法を発見、
評価の提示、判断結果の提示、自己所有情報の提起に分け、聞き手に共通認識
を要求する場合、「ではないか」の用法を共有知識の確認要求と認識の同一要
求に分けている。更に、張氏は「のではないか」の用法を推測、問いかけと婉
曲表現の3種類に分けている。なお、張氏による分類の詳細を表2にまとめ
る。

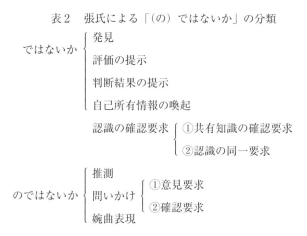

表2　張氏による「（の）ではないか」の分類

こうして、張（2004）は「（の）ではないか」の用法を全般的に考察してい
る。また、全ての用法が厳密に区別できるものではなく、相互に連続するもの
であるとしている。筆者は張（2004）によるこの分類方法は参考になると考
え、本研究において、「（の）ではないか」の意味・機能について考察する際、
聞き手に共通認識を要求するか否かの基準を参考し、新たな分類方法を試みた
いと思う。

　ただし、張（2004）の中の例文は主に「中日対訳コーパス」から収集した小

説の例文である。実際の会話においては異なる面もあるのではないかと考え、本研究では、職場コーパスという会話コーパスからも用例を収集する。日本人母語話者が日常生活で実際に使用する用例を分析し、「（の）ではないか」の用法を明らかにする。

1.2.9　『日本語文型辞典』による分類

　グループジャマシイ（1998）による『日本語文型辞典』は「（の）ではないか」について、接続から用法まで詳しく紹介している。項目として「ではないか1」、「ではないか2」、「ではないだろうか」、「ではなかったか」、「ではなかろうか」と「ではあるまいか」などがある。本研究においては、直接関係のある「ではないか1」と「ではないか2」を表3にまとめる。

表3　『日本語文型辞典』による「（の）ではないか」の分類

ではないか1 （N/Na/A/V）〜	驚き・発見	やあ、大野君ではないか。
	非難	A：遅かったじゃないか。 B：あの、道が混んでいたんです。
	確認	地下道などによくいるではありませんか。ああいう男が。
	ようではないか	とにかく、最後まで頑張ってみようではないか。
ではないか2 （N/Na（なの）〜 A/V の〜）	ではないか （推測的な判断）	あそこを歩いているのは、もしかして山下さんではないか。
	ではないかと思う （判断を表す）	こんなうまい話しは、嘘ではないかと思う。

　『日本語文型辞典』でいう「ではないか1」と判断を表す「ではないかと思う」は田野村（1988）の第1類に、推測的な判断を表す「ではないか2」は田野村（1988）の第2類に相当する。本研究は「（の）ではないか」の各用法のニュアンスについて分析する際、これを参考にする。

以上、「（の）ではないか」の分類、意味・機能に関する先行研究を整理した。次の1.3において、日本語の文法化に関する先行研究を整理する。

1.3　文法化に関する先行研究

文法化とは内容語から機能語への変化、すなわち自立性をもった語彙項目が付属語となり、文法機能を担うようになる現象である。この節において、大堀（2005）と三宅（2005）を挙げる。

1.3.1　大堀（2005）

大堀（2005）は、文法化の典型例を「自立性をもった語彙項目が付属語となって、文法機能を担うようになるケース」すなわち脱語彙化と規定し、その基準として、意味の抽象性、範列の成立、標示の義務性、形態素の拘束性、文法内での相互作用を挙げている。なお、文法化の度合いを表すものを下の表4に示す。

表4　大堀（2005）による文法化の度合い

←低い		高い→
具体的	意味・機能	抽象的
開いたクラス	範列の成立	閉じたクラス
随意的	標示の義務性	義務的
自由形式	形態の拘束性	拘束形式
相互作用なし	文法内の相互作用	相互作用あり

表4は文法化が進んだ場合にどうなるかを判断するものである。大堀（2005）を参考にしながら、文法化が進むとどうなるかを詳しく見ていく。

まず、意味・機能面において、文法化が進むと、語彙としての具体的な意味が抽象的になる。例えば、「ところだ」は具体的な場所の意味がなく、抽象的な状況・時間を表すようになっている。

　次に、範列の成立となる。大堀（2005）による「範列」とは、パラダイムとも言い、代名詞や格助詞のように、一定の文法機能を表し、相互に対立する少数のセットである。例えば、「ます」などは「敬語」という閉じたセットに組み込まれている。

　更に、標示の義務性とは、特定の形態素による標示が、ある機能を表すために要求されることである。例えば、文法化の結果として、現代ではフランス語の「pas」は否定を表すのに不可欠である。日本語でいうと、「たち」や「ら」は複数の標示が義務的ではないため、文法の一部にならない。

　そして、形態素の拘束性は、「自立語から付属語へ」という変化そのものである。例えば、「について」のように動詞テ形や連用形が名詞句の役割を標示する際には、通常の「つく」という動詞の属性がいくつかが欠如し、「否定形になれない」などのような拘束性が現れてくる。

　最後に、文法内の相互作用である。文法化が進むと、もともと相互作用のないものがあるようになる。例えば、否定の呼応現象はこのうちに入る。

　本研究は大堀（2005）が挙げている文法化の基準に沿って、本研究の研究対象である各種類の「（の）ではないか」の文法化の度合いについて論じる。

1.3.2　三宅（2005）

　三宅（2005）は、現代日本語における「文法化」の諸相について、特に内容語と機能語の間のカテゴリーの連続性に着目し、それに関する共時的な研究の意義を述べている。三宅（2005）によると、現代日本語における文法化は大まかに「助詞化」と「助動詞化」の2種類に分けることができるという。

　まず、助詞化には、格助詞化、接続助詞化、終助詞化があるが、終助詞化は少数であるため、三宅（2005）は格助詞化と接続助詞化の2種類にしぼって考察している。格助詞化とは、もともと動詞であったものが固定的な形をとり、複合格助詞化することである。例えば、「～において、について、によって」のようなものがある。そして、接続助詞化とは、名詞が脱範疇化し、接続助詞化するということである。例えば、「たところ、わりに」などが挙げられる。

次に、助動詞化になるが、三宅（2005）は形態に基づき、それを「名詞＋
だ」、「テ形接続の補助動詞」、「複合動詞の後項」及び「その他」の4種類に分
けている。それぞれの具体例は次のページの表5に挙げるので、ここでは詳し
く挙げないことにする。

　最後に、三宅（2005）は「らしい」（よく似た意味を持つ「っぽい」、「くさ
い」）のようなものは、名詞に付く接尾辞から変化して助動詞化したものであ
るが、この変化を文法化と呼ぶべきかどうかという問題があることを指摘して
いる、その解答は保留するということになっている。

　上述した現代日本語における「文法化」の諸相を表5にまとめる。

表5　文法化の諸相

文法化	①助詞化	a 格助詞（複合格助詞）化：〜において、について、によって…
		b 接続助詞化：ところ、かぎり、わりに…
		c 終助詞化：かしら
	②助動詞化	a 名詞＋だ：ようだ、はずだ…
		b テ形接続の補助動詞：〜ている、〜てある…
		c 複合動詞の後項：〜かける、〜だす…
		d その他　d′ 内容語を含む複数の形態が合成され、助動詞化しているもの：かもしれない、にちがいない…
		d″ 句相当の表現が、ひとまとまりの助動詞的な表現になっているもの：〜がする（気がする）、〜がある（可能性がある）…
	③保留問題	文法化であるかどうか問題になるもの：（男）らしい…

　「（の）ではないか」は「助動詞化」の「dその他」に当たるが、文法化の度
合いについての詳しい分析は、後の第4章において行う。

　以上の1.3において、文法化に関する先行研究を述べた。次の1.4では、
「じゃん」に関する先行研究について述べる。

1.4 「じゃん」に関する先行研究

　「じゃん」を地方の方言として扱う研究は多々あるが、共通語として扱う研究は極めて少ない。この節において、井上（1988）と松丸（2001）を扱う。

1.4.1 井上（1988）

　井上（1988）によると、明治末期に大阪あたりで「やんか」が先に、大正か昭和初期に東海地方で「じゃんか」が、戦前に東海地方で「じゃん」になり、戦後に関西で「やん」が生じた。「じゃんか」「やんか」系統が生まれるのは関西が早かったが、「か」を落とすのは東海地方が早かったという。

　そして、昭和初期に浜松の女工さんたちの新鮮な言葉づかいとして、「じゃん」は静岡県から横浜に伝わり、更に東京に入ったという。本研究で扱う「じゃん」は方言としての「じゃん」ではなく、東京で使用される「じゃん」である。東京の「じゃん」についての研究はとして、松丸（2001）を参照する。

1.4.2 松丸（2001）

　松丸（2001）は田野村（1988）の言う「（の）ではないか」との対照を通じて、東京方言で用いられている「じゃん（か）」について考察し、両形式が形態的・意味的異同を明らかにしている。松丸（2001）によると、「じゃん（か）[3]」は「（の）ではないか」に比べると、形態的に制約され、また狭い範囲の意味・用法でしか用いられないという。そして、「じゃん」と「じゃんか」は異なり、「じゃんか」は認識が対立している状況でしか用いられないのに対し、「じゃん」は話者の認識を提示する機能を担うと述べている。

　まず形態的な異同として、「（の）ではないか」は「か」が終助詞の「の」に

　3）「じゃん（か）」田野村（1988）の第1類の「（の）ではないか」に相当し、「じゃん」は田野村（1988）の第2類に相当する。

置き換えられ、また「か」を省略することも可能であるのに対し、「じゃん（か）」は「か」の省略が可能であるが、「の」に変えることはできない。

そして、「（の）ではないか」は「ない」を「なかった」に置換でき、さらに「か」を「のか／かな／かしら／だろうか／でしょうか」に置換できるのに対し、「じゃん（か）」の「か」はそれらに形式に置換することもできない。松丸（2001）によると、「じゃん（か）」の「か」を「ね」に置換することもできないというが、実際のところ、どうなっているかを後の第5章で検証する。

最後に、2人称に使用できない制限はあるが、「じゃん」は上昇イントネーションをとり、「（の）ではないか」と同様に推定を表すことができると述べている。その検証も後の第5章で行う。

1.5　おわりに

第1章において、本研究と関係する先行研究を記述し、整理した。1.2では、「（の）ではないか」の意味・機能と関係のある先行研究を記述し、本研究で扱う研究対象を明らかにし、更に筆者の「（の）ではないか」の分類基準を明らかにした。次の1.3では、文法化と関係する先行研究を扱い、「（の）ではないか」の各分類の文法化の度合いの論述に理論づけた。最後の1.4において、「じゃん」の先行研究を扱い、本研究の検証すべき課題を明らかにした。

第 2 章　BCCWJ による「(の) ではないか」 の実態調査

2.1　はじめに

　「(の) ではないか」にはバリエーションが多く存在するが、従来、「(の) ではないか」とそのバリエーションの区別をしながら、記述する研究はほとんどなく、全て代表形式の「(の) ではないか」に集約されている。この章では BCCWJ を用いて、実際に使われる「(の) ではないか」のバリエーションを調査し、整理する。

　共通語で使用される「(の) ではないか」のバリエーションとして、「(の) ではない (だろう／でしょう) か (かな／かしら)」、「(の) ではない (?／の)」、「(の) ではないですか」、「(の) ではありません (か／?)」、「(の) じゃない (です) か」、「(の) じゃない (?／の)」などが考えられる。このように、「(の) ではないか」のバリエーションはかなり多いが、構造[4]から見ると、大きく非縮約形の「では」類と縮約形の「じゃ」類に分けることができる。さらに、含まれる要素によって細かく分けると、それぞれ「文末詞の変化」、「タ形との共起」、「丁寧形」、「終助詞との共起」及び「「だろう」の共起」という下位分類が考えられる。それを簡単にまとめると、次のページの表 6 になる。

---

　4)　ここにおいては、「(の) ではないか」の意味・機能上における違いを一切考えないことにする。

表6 「(の) ではないか」のバリエーションの分類

分類	下位分類		代表の形
「では」類	A1	文末詞の変化	〜 (の) ではない<u>か</u>
			〜 (の) ではない<u>の</u>
			〜 (の) ではない<u>のか</u>
	A2	タ形との共起	〜 (の) ではな<u>かったか</u>
	A3	丁寧形	〜 (の) ではない<u>ですか</u>
			〜 (の) では<u>ありませんか</u>
	A4	終助詞との共起	〜 (の) ではないか<u>な</u>
			〜 (の) ではないか<u>しら</u>
			〜 (の) ではないか<u>ね</u>
			〜 (の) ではないか<u>い</u>
			〜 (の) ではないか<u>よ</u>
			〜 (の) ではないか<u>の</u>
			〜 (の) ではないか<u>のう</u>
	A5	「だろう」との共起	〜 (の) ではない<u>だろうか</u>
「じゃ」類	B1	文末詞の変化	〜 (の) じゃない<u>か</u>
			〜 (の) じゃない<u>の</u>
			〜 (の) じゃない<u>のか</u>
	B2	タ形との共起	〜 (の) じゃな<u>かったか</u>
	B3	丁寧形	〜 (の) じゃない<u>ですか</u>
			〜 (の) じゃ<u>ありませんか</u>
	B4	終助詞との共起	〜 (の) じゃないか<u>な</u>
			〜 (の) じゃないか<u>ね</u>
			〜 (の) じゃないか<u>しら</u>
			〜 (の) じゃないか<u>よ</u>
	B5	「だろう」との共起	〜 (の) じゃない<u>だろうか</u>

　上の表 6 から見ると、バリエーションの種類はかなり多くなるが、実は表に羅列した形式に限らず、更に複雑な形式も存在する。それはバリエーションのそれぞれが単独に存在するのではなく、複合することも多いためである。例えば 5 つの要素が全部入るものとして、「（の）ではなかったでしょうかね」が考えられる。しかし、実際のところ、考えられる形は全部使われているとも限らないし、また全てのバリエーションが偏りなく使われているとも言えない。

　なお、本章は 2.2 において BCCWJ から収集した「では」類のバリエーションを、2.3 において「じゃ」類のバリエーションについて考察する。

2.2　「では」類

　BCCWJ から用例を収集する際に、コーパス検索アプリケーション「中納言」 を使用した。「中納言」には短単位検索、長単位検索及び文字列検索等が存在するが、今回の調査対象である「（の）ではないか」の場合、文字列検索を使って検索すると、「ではないから」などのような例も出てくる。このようなことを避けるために、本研究は文字列検索でなく、短単位検索を用いる。例えば、「（の）ではないか」の用例を検索する際に、「（の）ではないか」を語彙素の「だ」、「は」、「無い」、「か」に分け、それぞれの品詞と活用形を設定して収集した。その条件は以下の表 7 に示す。

表 7　「（の）ではないか」の検索条件

キー：	語彙素（だ）＞品詞の小分類が助動詞＞活用形（小分類が連用形・一般）
後方共起 1：	語彙素（は）＞品詞の中分類が助詞・係助詞
後方共起 2：	語彙素（無い）＞品詞の中分類が形容詞・非自立可能＞活用形（小分類が終止形・一般）
後方共起 3：	語彙素（か）＞品詞の中分類が助詞・終助詞
後方共起 4：	品詞の大分類が記号／補助記号／空白

　その他のバリエーションについて検索する場合も表 7 の「（の）ではないか」

のように、細かい語彙素に分けて、品詞と活用形を設定して調査を行う。

　短単位検索で「では」類の用例を 25771 例抽出したが、それを「文末詞の変化」、「夕形との共起」、「丁寧形」、「終助詞との共起」及び「「だろう」との共起」という順で詳しく見ていく。

2.2.1　文末詞の変化

　「（の）ではないか」は「終助詞」の「か」で終わるものだけでなく、「の」と「のか」で終わる形も存在する。今回は「（の）ではないか」15126 例、「（の）ではないの」[5]11 例、「（の）ではないのか」593 例を収集できた。その用例を以下に示す。

(8) 「伯父上、あれを」市之允は目の先に異変を見つけて指差した。イギリス船から、目の覚める紺青色のバッテイラ（小船）が降ろされ、こちらに向かってくるではないか。他の船員たちも気付き、騒ぎ始めた。
　　　　　　　　　　　　　　（BCCWJ　出版・書籍　秋山香乃（著））

(9) 「あなたの顔色はよくありません。心臓がお悪いのではないの？」
　　「あいにく、この年まで病気をしたことがない。ご丁寧な心配は無用だ」
　　　　　　　　　　　　　　（BCCWJ　図書館・書籍　門田泰明（著））

(10) ここの場合は名簿に書くだけだが、「許可証」を発行する署もある。こういうことは本州ではありえない。遭難対策という意味では警察への届けだけで十分ではないのか。　（BCCWJ　図書館・書籍　本多勝一（著））

　文末詞が異なる用例の数を見ると、「（の）ではないか」という形式が最も多く使われていることが分かった。

---

5)　「（の）ではないの」の用例を検索する際に、文末に使うものに限定し、最後の条件に「補助記号」を入れたが、それでも、「リード…私はあなたがボスだから拒んだわけではないの」のような否定を表す用例が出てきた。そのような用例を削除した結果、11 例となった。

2.2.2　タ形との共起

　「（の）ではないか」はテンスが分化しており、過去・非過去を表すものがある。非過去は「（の）ではないか」の形をとり、過去を表す場合、「（の）ではなかったか」の形を取る。今回は「（の）ではなかったか」を 227 例、「（の）ではなかったの」を 9 例、「（の）ではなかったのか」を 140 例収集できた。その具体例は以下の（11）〜（13）である。

(11)　こうした当代一流の学者の意見に示されるように、縄文時代（石器時代）に農耕がおこなわれていたという考え方は明治・大正期ではごく普通<u>ではなかったか</u>。　　　　　（BCCWJ　図書館・書籍　戸沢充則（著））

(12)　「あれ」弥平太の云うのを聴いて、常磐はおどろいたように声をあげた。「平太さんはわたしの居所を、かかさんから聞いた<u>のではなかったの</u>？」　　　　　（BCCWJ　図書館・書籍　安西篤子（著））

(13)　これだけのツナの缶詰めをどうしようというのだろう？ビル・ロイスが密輸していたのは、麻薬だけ<u>ではなかったのか</u>？そこでわたしは、ダリル・ロイスが言っていたことを思い出した。
　　　　　（BCCWJ　図書館・書籍　リック・ボイヤー（著）／田口俊樹（訳））

　テンスが分化する場合の用例数を見ると、「過去」の形式より、「非過去」の方がより使用されることが分かった。

2.2.3　丁寧形

　「（の）ではないか」は丁寧な形も存在しており、「ではないですか」と「ではありませんか」の 2 通りが考えられる。今回は「（の）ではないですか」595 例、「（の）ではないのですか」225 例を収集した。「（の）ではないですの」の形は検索してみたところ、一例もなかったため、この形は実際に使われないと言っていいと思われる。「（の）ではありませんか」は 688 例を収集した。「（の）ではありませんの」は 2 例収集できた。（11）〜（14）は収集した形の

用例である。

(14) 柚木は確信していた。背後で操ったのは丹波教授である。「言いにくいのですが、辻原研究員は教授の手先だったのではないですか。」「考えられない。」須永部長は無言のまま首を横に振った。

（BCCWJ　図書館・書籍　山崎光夫（著））

(15) 「僕たちは書類でしかお宅の会社がわかりませんから。ほら、主要取引銀行が自宅からすぐのところでしょう。てっきり自宅が事務所だと思ったんです。あと、建物の一階が店舗ではないのですか。帳簿を見ると売り上げが計上されていない。まあ、そんなわけでご自宅にうかがったのです」

（BCCWJ　図書館・書籍　高畑啓子（著））

(16) 砂におちた　なみだから、みるみる水が　わき出して、小さな泉になったではありませんか。「み、水だっ。」　探険家は、泉にかけよると、コンコンとわき出る水に口をつけました。

（BCCWJ　図書館・書籍　米山博好（著））

(17) 「大王様には姉のヤタヒメがお仕えしているではありませんの。どうして私が要りますの」　（BCCWJ　出版・書籍　石川逸子（著））

　前にも述べたように、「（の）ではないか」の各バリエーションは単独に存在するのではなく、複合した形も存在する。テンスの形と丁寧形も複合できる形式の一つである。「（の）ではなかったですか」などのような形も存在する。今回は「（の）ではなかったですか」を10例、「（の）ではなかったのですか」を24例、「（の）ではありませんでしたか」を10例収集した。「（の）ではありませんのでしたか」の用例はなかった。

(18) ドラえもんの最終回ってドラえもんの電池が切れて、ノビタが科学者になって助けるというのではなかったですか。

（BCCWJ　特定目的・知恵袋）

(19)「倉脇先生から受け取った解剖報告書が、ヘリの中にあるから、帰京した
　　 ら目を通しておいてくれ」「お持ちになるのではなかったのですか。」
　　「君に預けておくよ。さ、行きたまえ」　黒木に促されて、沙霧はヒュイ
　　 コブラの方へ歩き出した。　　（BCCWJ　図書館・書籍　門田泰明（著））
(20)　女性が馬に乗っている CM ではありませんでしたか。

(BCCWJ　特定目的・知恵袋)

　以上は「では」類の丁寧形の 2 形式について見たが、「ではありません」の
形式より、「ではないです」の形式の方が使用されていることが分った。

2.2.4　終助詞との共起

　「(の) ではないか」は「ね」「よ」などのような終助詞と共起できる。
BCCWJ で検索したところ、「な」、「かしら」、「ね」、「かい」、「よ」、「のう」
と共起する用例は収集できたが、「さ」「ぞ」と共起する用例は収集できなかっ
た。今回は「(の) ではないかな」を 365 例、「(の) ではないのかな」を 85
例、「(の) ではないかしら」を 63 例、「(の) ではないのかしら」を 9 例、
「(の) ではないかね」を 25 例、「(の) ではないのかね」を 13 例、「(の) では
ないかい」を 6 例、「(の) ではないかよ」を 1 例、「(の) ではないかのう」を
1 例、「(の) ではないのかのう」を 1 例収集した。以上の結果を表 8 にまとめ
る。

表 8　「(の) ではないか」と助詞の共起

	な	かしら	ね	かい	よ	のう
(の) ではないか	365	63	25	6	1	1
(の) ではないのか	85	9	13	0	0	1
計	450	72	38	6	1	2

表8で示した順に、用例を一例ずつ挙げる。

(21) 彼はバッチリ、気を失ったのである。バッチリと、気を失う、っていうのが文法的に正しいのではないかな？でも、ハワードに限っていえばそうじゃなかった。彼はバッチリ、気を失ったのである。

（BCCWJ　図書館・書籍　E・ウェイナー（著）／平尾圭吾（訳））

(22) 裏切られても自分の行為を踏みにじられても・・・それでもそのひとのことを想うことそれが信じること・・・愛ではないのかな？

（BCCWJ　特定目的・ブログ）

(23) 「うれしいですわ。夢ではないかしら。こんないいことが、あっていいのかしら」　　　　　（BCCWJ　図書館・書籍　志茂田景樹（著））

(24) シチリアについて、俺、まったくなんの知識もなかったんだ」 啓一が今日訪ねて来たのは、第一に祖母への見舞が目的だったろうけれど、もう一つ、ぜひとも町子に語りたいことがあったからではないのかしら。

（BCCWJ　図書館・書籍　阿刀田高（著））

(25) そのことは、この時代で唯ひとり《大いなる秘法》を極めた、あなたが一番知っているのではないかね」

（BCCWJ　図書館・書籍　千葉暁（著））

(26) どうも大阪では、実戦的修業を数多くこなしているからだろう。東京では、理屈が多くて、花ばかりを求めすぎるのではないのかね。

（BCCWJ　出版・書籍　菅篤哉（著））

(27) これ、明確な人種差別ではないかい？

（BCCWJ　特定目的・知恵袋　Yahoo！知恵袋）

(28) 「さっきから黙ってきいていれば、おめえさまもあんまりなことおっしゃるではねえかよ。おらが田舎者で、きたねえだなんて、そったら失礼なこと言うもんではねえだよ。おらはこれでも十分に身ぎれいにしているつもりだ」　　　　　（BCCWJ　図書館・書籍　清水義範（著））

(29) 「そうではないかのお、ようは知らんが…」鈴田はそういった上、「しか

し、わが家名には誇りがあるでな、戦国以来の武勲がある。

　　　　　　　　　　（BCCWJ　特定目的・ベストセラー　堺屋太一（著））

(30) そんな方々にとってはその記述がさらに詳しうなるためにも、ご老体に
　　　はもっと島にいてほしいの<u>ではないのかの</u>。まあまあ、待てば海路の日
　　　和かなじゃよ。　　　　　　　（BCCWJ　出版・書籍　鷹野良宏（著））

　以上は各終助詞と「（の）ではないか」と共起する用例を見たが、終助詞も
「（の）ではないか」の形とのみ共起するものではなく、タ形や丁寧形と一緒に
共起することもある。今回は検索をかけてみた結果、「（の）ではないですか
な」を 3 例、「（の）ではないですかね」を 19 例、「（の）ではないのですかね」
を 7 例、「（の）ではなかったかな」を 10 例、「（の）ではなかったかしら」を
1 例、「（の）ではなかったのかな」を 7 例、「（の）ではなかったのかしら」を
2 例、「（の）ではなかったのかね」を 4 例、「（の）ではなかったですかね」を
2 例収集できた。その他の形式は収集できなかった。終助詞と共起する形をま
とめた結果は表 9 である。

表 9　終助詞との共起する「（の）ではないか」のバリエーション

	な	かしら	ね	かい	よ	のう
（の）ではなかったか	10	1	0	0	0	0
（の）ではなかったのか	7	2	4	0	0	0
（の）ではないですか	3	0	19	0	0	0
（の）ではないのですか	0	0	7	0	0	0
（の）ではなかったですか	0	0	2	0	0	0
（の）ではなかったのですか	0	0	0	0	0	0
計	20	3	32	0	0	0

　表 8 と表 9 を比較すると、「（の）ではないか」の形は終助詞と共起しやす
い。それに対し、「（の）ではないか」のその他のバリエーションも終助詞と共

起できるが、具体例が少なく、共起しにくいと言える。特に、「（の）ではなかったかしら」は1例あったが、その用例（27）は特定目的・韻文に使われており、普通の場面では使用されにくいことが推測できる。なお、収集した用例を表9の順に1例ずつ挙げる。

(31) このときって確か私幼稚園の年長ではなかったかな、ゲーマーは小学校低学年からで、今で言うCEROがBのゲームを普通に低学年のときからやっていましたね。　　　　　　　　　（BCCWJ　特定目的・ブログ）

(32) 「おや、さっき腰を抜かしていたあの男は、父親が勝手に決めた相手ではなかったのかな？」メロヴェは、むっと口を尖らせた。
　　　　　　　　　　　　　　（BCCWJ　出版・書籍　榛名しおり（著））

(33) 「ふーん、志津代さんの…しかし、彼女と雪子さんは、もうだいぶ前に帰られたのではないですかな？」
　　　　　　　　　　　　　　（BCCWJ　出版・書籍　内田康夫（著））

(34) ミルキー・ウェイが嵩を増す空子どものころ何か間違えたせいではなかったではなかったかしらとと子どものころ居た町を歩きながら疑問符よりもはやくとどいた言葉にとらわれる　　　（BCCWJ　特定目的・韻文）

(35) 「じつはあの子、息子じゃなかったのよ」
「えっ」と私は絶句する。実子ではなかったのかしら。
　　　　　　　　　　　　　　（BCCWJ　出版・書籍　波多江伸子（著））

(36) 「ところであの暴漢についてなにかお心当たりはありますか」
「まったくない。あれは一種の通り魔ではなかったのかね。むしゃくしゃして通行人をいきなり襲ったという例がよくあるじゃないか」
　　　　　　　　　　　　　　（BCCWJ　図書館・書籍　森村誠一（著））

(37) 結局、彼らの抑えてきたものが、家康の誘導で一挙に噴き出したというわけで、もう彼らは嬉しくてしようがなかったのではないですかね。
　　　　　　　　　　　　　　（BCCWJ　出版・書籍　実著者不明）

(38) 外見であれば、目つきとか染毛や長髪派手なトレーナとか、細い眉毛と

か外見でなければ、男言葉であるとか歩き方、立ち居振る舞い、人間関係の構築の仕方であるとかではないのですかね？

（BCCWJ　特定目的・知恵袋）

（39）「詳しい内容は覚えていませんが、事件があったことは知っています。警視、あの事件はたしかまだ未解決ではなかったですかね…」

（BCCWJ　図書館・書籍　龍一京（著））

　以上は終助詞と共起する「では」類のバリエーションを整理した。「（の）ではない（の）か」という形は終助詞「な」と最も共起しやすい。しかし、2つ以上の要素が入るバリエーションとなると、全体的に終助詞と共起しにくくなる。そして、「（の）ではない（の）か」という形と異なり、「な」に変わって「ね」との許容度が高くなる。

2.2.5　「だろう」との共起

　「（の）ではないか」は終助詞だけでなく、モダリティ形式「だろう」とも共起できる。今回は「（の）ではないだろうか」を 2219 例、「（の）ではないのだろうか」を 49 例収集した。その用例は（40）と（41）である。

（40）横田基地周辺で騒音の野放し状態が、とくに夜間についてはかなり規制されてきた一因には、この判決が出されたことも影響しているのではないだろうか。人は誰でも「わたしは、わたしの生活の主人公だ」と胸を張って言えるはずだ。　　　（BCCWJ　図書館・書籍　実著者不明）

（41）「生まれてきたから、生きる」では、何の考えもないように見えるが、人として生まれ、人として生きる中で、人ができる最高のことを成し遂げようとするのも、生きることの意味ではないのだろうか。

（BCCWJ　図書館・書籍　谷川浩司（著））

　また、「（の）ではないか」が「だろう」と共起する場合、「（の）ではないだ

ろうか」の形以外に、「（の）ではなかろうか」という形もある。今回は「（の）ではなかろうか」の用例を1287例収集した。（42）はその用例である。

(42) おそらく彼は、プリスキラとアクラの家に世話になり、そこで働きつつ一家をなしていったのではなかろうか。

（BCCWJ　図書館・書籍　木下順治（著））

「だろう」の丁寧形として「でしょう」がある。「（の）ではないか」は「でしょう」とも共起できる。今回は「（の）ではないでしょうか」を4203例、「（の）ではないのでしょうか」を199例収集した。

(43)「あなたは、そのような遺言状を作成するよりも、やはりカトリック神父のところへ行って相談したほうがいいのではないでしょうか。ちなみに私はプロテスタントですが…」

（BCCWJ　図書館・書籍　ホセ・ヨンパルト（著））

(44) じゃあ表現という言葉は現実的ではないのでしょうか？

（BCCWJ　図書館・書籍　赤羽建美（著））

その他のバリエーションとして、「（の）ではなかった（の）か」とも共起できる。「（の）ではなかっただろうか」を32例、「（の）ではなかったろうか」を80例、「（の）ではなかったのだろうか」を19例、「（の）ではなかったでしょうか」を39例、「（の）ではなかったのでしょうか」を12例収集できた。「（の）ではないか」の形と比較すると、用例数はかなり少ない。タ形の「（の）ではないか」は「だろう」と共起しにくいことが分かる。

(45) ミランダはこめかみを揉み、もっと細かい記憶を拾いあげようとした。そう言えば、あの時期、ジョンは体調を崩していたのではなかっただろうか？

（BCCWJ　出版・書籍　ノーラ・ロバーツ（著）／芹澤恵（訳））

(46) 一人住まいの男のところへ、腹の大きい女性が時折やってくるという光景は異様ではなかったろうか。家主にだけでなく、彼女のことは近隣でも話題になっていた<u>のではないか</u>。

（BCCWJ　出版・書籍　梓林太郎（著））

(47) やはりまだ、江戸ならぬ東京に舞い戻ってくるべき<u>ではなかったのだろうか</u>…。いや、ちがう。　（BCCWJ　図書館・書籍　松井今朝子（著））

(48) 世界大戦当時の日本にとって、アメリカやイギリスは偶然にもまったく「大石」のような存在<u>ではなかったでしょうか</u>。

（BCCWJ　図書館・書籍　李寧熙（著））

(49) 室井唐さんは大学にくるのを決断するにあたって、周囲の人に反対されたということで躊躇された<u>のではなかったのでしょうか</u>。

（BCCWJ　出版・書籍　唐十郎（著）／室井尚（著））

　最後に「だろう」と終助詞が共に現れる用例を見る。考えられる形式を調査してみたが、共に現れる形として、「（の）ではないだろうかな」（3 例）、「（の）ではないだろうかね」（1 例)、「（の）ではないでしょうかな」（1 例)、「（の）ではないでしょうかね」（20 例）と「（の）ではないのでしょうかね」（4 例）という 4 つの形式のみである。「（の）ではないか」と共起できる助詞の中で、「ね」と「でしょう」の共起が最も多いが、全体から見ると、「だろう」と終助詞が共に現れにくいことが分かる。

(50) そのような有識者からいろいろ御意見を承りながら、そして私ども自身の勉強の中身を加えながらできるだけ早く一つの方向を見出して、そしてまた御相談なり法案の提出なり、そういうふうな方向へ進む<u>のではないだろうかな</u>、このように思いますが、現在のところ、今検討をそのように、年内五回をやるわけでございますけれども、進めている段階でございます。

（BCCWJ　特定目的・国会会議録）

（51）自動車に投げられる罵声がこっちへ跳ねかえってとばっちりが来ても、驚いてはいけない。あらゆる機械は教師と言える<u>のではないだろうかね</u>。

　　　（BCCWJ　図書館・書籍　レイ・ブラッドベリ（著）／小川高義（訳））

（52）これをはじめて食べたときは、うまくてうまくて、私も若かったし二人前は軽く食べられるかとおもったが、あるじは、「いや、<u>むりではないでしょうかな</u>」と、いった。

　　　　　　　　　　　　　　　　　（BCCWJ　図書館・書籍　池波正太郎（著））

（53）全編日本語なので、これ海外から DVD を輸入しても視聴に全く問題はないと思いますが、もうそろそろ日本でも DVD リリースという陽の目を見るべき作品<u>ではないでしょうかね</u>。　　（BCCWJ　特定目的・ブログ）

（54）新品に買い換えれば、今は保証期間等が長いので、安心出来る<u>んではないんでしょうかね</u>。　　　　　　　　　　　（BCCWJ　特定目的・知恵袋）

　以上は実際に使用される「（の）ではないか」のバリエーションについて考察した。今回の調査結果により、「（の）ではないか」はバリエーションがたくさんあるが、考えられる形は全て用いられることはないことが分かった。特に、2つ以上の要素が入る場合、終助詞と共起しにくくなる。

2.3 「じゃ」類

　2.2において、「では」類のバリエーションについて考察した。2.3では「じゃ」類のバリエーションについて分析する。なお、「じゃ」類の用例を収集する際、「では」類と同様に短単位検索を用いる。例えば、「（の）じゃないか」の場合、それを語彙素の「だ」、「無い」、「か」に分け、それぞれの品詞と活用形を設定して検索をかける。その条件を下の表10に示す。

表10　「（の）じゃないか」の検索条件

キー：	語彙素（だ）＞品詞の小分類が助動詞＞活用形（小分類が連用形・融合）

後方共起 1 :	語彙素（無い）＞品詞の中分類が形容詞・非自立可能＞活用形（小分類が終止形・一般）
後方共起 2 :	語彙素（か）＞品詞の中分類が助詞・終助詞
後方共起 3 :	品詞の大分類が記号／補助記号／空白

　表 10 のような短単位検索を用いて、「じゃ」類の用例を 20612 例収集した。その用例を「文末詞の変化」、「タ形との共起」、「丁寧形」、「終助詞との共起」及び「「だろう」との共起」という順で詳しく見ていく。

2.3.1　文末詞の変化

　「（の）じゃないか」も「（の）ではないか」と同じように、「終助詞」の「か」で終わるものだけでなく、「の」と「のか」で終わる形も存在する。今回は「（の）じゃないか」を 9487 例、「（の）じゃないの」[6] を 820 例、「（の）じゃないのか」を 578 例収集した。

(55)　いつまでもおなじ本じゃつまらないじゃないか。

　　　　　　　　　　　　（BCCWJ　図書館・書籍　長田弘（著））

(56)「あなた、突然あたしを置いてどこかへ行っちゃうんじゃないの？」

　　　　　　　　　　　　（BCCWJ　図書館・書籍　藤川桂介（著））

(57)「真実なら、もう分かっていたのじゃないのか。それとも、ほんとうのところは、俺が犯人だということは、たったいま、思い当たったのかね」

　　　　　　　　　　　　（BCCWJ　図書館・書籍　内田康夫（著））

---

6)　「（の）ではないか」の場合は短単位検索を用いても、「そうじゃないの。私は自分が信じられないのよ」のような否定を表す用例が出てくるので、今回は時間と労力の関係で、そういう用例を除外するために、「（の）ではないの？」に限定した。無論、こういう限定条件を設定すると、「ほら、何年か前、池袋で事件があったじゃないの。」のような用例が一部収集できないことになるが、今後「（の）じゃないの」について詳しく研究の必要が出てくる場合、また考慮する。

今回の調査で、文末詞が「か」でない用例もあるが、「か」で終わる形式である「（の）じゃないか」のほうがはるかに多いことが分かった。

2.3.2　タ形との共起

　「（の）じゃないか」も「（の）ではないか」と同じように、非過去と過去がある。今回は「（の）じゃなかったか」を 41 例、「（の）じゃなかったの」を 56 例、「（の）じゃなかったのか」を 60 例収集できた。

(58)　その少年の左のこめかみ近くに、傷痕があったのじゃなかったか。そう、
　　　やっぱり傷がある。　　　　　　（BCCWJ　図書館・書籍　金子光晴（著））
(59)　─ユキとキララは、いっしょじゃなかったの？サチが、しんぱいそうに
　　　ききました。
　　　　　　（BCCWJ　出版・書籍　ジョアン・ロス（著）／柴田　礼子（訳））
(60)　「家の手入れをするために僕を雇ったんじゃなかったのか？」
　　　「それはそうよ、でも…」
　　　　　　　　　　　　（BCCWJ　図書館・書籍　いぬいとみこ（著））

　「では」類と同じように、「じゃ」類も「非過去」の用例の方が多い。

2.3.3　丁寧形

　「（の）じゃないか」の丁寧な形も「じゃないですか」と「じゃありませんか」の 2 通りが考えられる。今回は「（の）じゃないですか」3958 例、「（の）じゃないのですか」300 例を収集した。「（の）じゃないですの」は 1 例収集できたが、「（の）じゃないのですの」の形は検索してみたところ、一例もなかったため、この形は実際に使われないと言っていいと思われる。「（の）じゃありませんか」は 740 例を収集した。「（の）じゃありませんの」は 9 例収集した。

(61)　「なにって、くれるって言う物、もらっとかないと損じゃないですかぁ。

　　事務所の経営だって、楽じゃないんですから」

　　　　　　　　　　　　　（BCCWJ　図書館・書籍　火浦功（著）

(62)「彼は、ここで生まれたんじゃないんですか。」

　　　　　　　　　　　　　（BCCWJ　出版・雑誌　戸井十月（著））

(63)　おいおいこりゃ撲滅とかいうレベルじゃないっすの〜

　　　　　　　　　　　　　　　（BCCWJ　特定目的・ブログ）

(64)「マネージャーの原田も、被害者が安西みち子と知った瞬間、柏崎マリが

　　　殺ったのではないかと、思ったんじゃありませんか。」

　　　　　　　　　　　　　（BCCWJ　図書館・書籍　西村京太郎（著））

(65)「あら、生まれたての赤ちゃんは顔がお猿さんのように赤いからじゃあり

　　　ませんの？」　　　　　（BCCWJ　図書館・書籍　李寧熙（著））

　　そして、テンスの形と丁寧形と複合する形式もある。今回は「（の）じゃな
かったですか」を 28 例、「（の）じゃなかったのですか」を 22 例、「（の）じゃ
ありませんでしたか」と「（の）じゃありませんのでしたか」の用例はなかっ
た。

(66)「きょう食堂の前で、お会いしたとき、わたしのそばに、いかつい男がい

　　　たの、お気づきじゃなかったですか？」

　　　　　　　　　　　　　（BCCWJ　出版・雑誌　佐野洋（著））

(67)「そうですか。ところで、このごろは査証をするということがなくなりま

　　　してな、パスポートを提出しなくてもよくなったのです。ご存じじゃな

　　　かったのですか？

　　　　　（BCCWJ　出版・書籍　ジュール・ヴェルヌ（著）／江口清（訳））

2.3.4　終助詞との共起

　今回は「（の）じゃないかな」を 1946 例、「（の）じゃないのかな」を 307
例、「（の）じゃないかしら」を 446 例、「（の）じゃないのかしら」を 27 例、

「（の）じゃないかね」を 103 例、「（の）じゃないのかね」を 53 例、「（の）じゃないかい」を 49 例、「（の）じゃないのかい」を 61 例、「（の）じゃないかよ」を 68 例、「（の）じゃないのかよ」を 15 例、「（の）じゃないかのう」を 2 例、「（の）じゃないのかのう」を 2 例収集した。その他の形式は収集できなかった。以上の結果を簡単に表 11 にまとめる。

表11 「（の）じゃないか」と助詞の共起

	な	かしら	ね	かい	よ	のう
（の）じゃないか	1946	446	103	49	68	2
（の）じゃないのか	307	27	53	61	15	2
計	2253	473	156	110	83	4

表11 で示した順に、用例を一例ずつ挙げる。

(68)「モリオ？　ああ、知ってる。二、三度会っただけだけどね。ちょっと、いや、かなり変人だけど、天才と言っていいんじゃないかな。」

（BCCWJ　図書館・書籍　田中芳樹（著））

(69)「たぶん、連中は、まだおれたちが給水システムのサボタージュ工作を仕掛けるとでも考えているんじゃないのかな？」

（BCCWJ　図書館・書籍　ティモシイ・ザーン（著）／野田昌宏（訳））

(70)「何のこと？」「お父さま、殺されたんじゃないかしら？」

（BCCWJ　図書館・書籍　山村美紗（著））

(71)「前に死んだ藤原功のマネをして、泳いでみたんじゃないのかしら？裸で泳いだら、どんな気持かと思って」

（BCCWJ　図書館・書籍　西村京太郎（著））

(72)「若い男か老人かは、わかったんじゃないかね？」

（BCCWJ　図書館・書籍　西村京太郎（著））

(73) マツの姿を眺めていた蓑島は、由兵衛の方へ向き直り、「ほんとにあの人

は友だちかね。これじゃないのかね？」と小指をたててみせた。

(BCCWJ　図書館・書籍　田中雅美（著))

(74)「きみは釣りが好きなんじゃないかい？ぼくのフライを二つか三つ、もっ
てかないか？」と聞いた。

(BCCWJ　図書館・書籍　フランク・ソーヤー（著）／能本　功生（訳))

(75)「どうせなら、千道が山から帰ってからにすればよかったんじゃないのか
い」

「いいのよ、信子とさんざん話したから」

(BCCWJ　図書館・書籍　青野聰（著))

(76)「すげえや、この靴ピカピカのゴム底だ」隣の少年が真次を見上げて囁い
た。「やばいんじゃねえか。米兵じゃねえのかよ」

(BCCWJ　図書館・書籍　浅田次郎（著))

(77)「目と目を見合わせることじゃないんかの。外国人は目をそらせると、こ
いつは自信がないのかとか、悪巧みをしているらしいぞとか、考えるそう
な」　　　　　　　　　　　　　　(BCCWJ　図書館・書籍　実著者不明)

(78) はっきり物申し取るじゃないのかの〜〜〜！！こちらの方か、真実じゃ
よっ！！　　　　　　　　　　　　　　(BCCWJ　特定目的・ブログ)

　以上は各終助詞と「（の）じゃないか」と共起する用例を見たが、終助詞も
「（の）じゃないか」の形とのみ共起するのではなく、テンスや丁寧形と一緒に
共起することもある。今回は検索をかけてみた結果、「（の）じゃないですか
な」を1例、「（の）じゃないですかね」を239例、「（の）じゃないのですか
ね」を20例、「（の）じゃなかったかな」を79例、「（の）じゃなかったのか
な」を13例、「（の）じゃなかったかしら」を22例、「（の）じゃなかったのか
しら」を5例、「（の）じゃなかったかね」を5例、「（の）じゃなかったのか
ね」を5例、「（の）じゃなかったかい」を5例、「（の）じゃなかったのかい」
を8例、「（の）じゃなかったのかよ」を3例、「（の）じゃなかったですかね」
を6例、「（の）じゃなかったのですかね」を1例収集できた。その他の形式は

収集できなかった。終助詞と共起する形をまとめた結果は表 12 である。

表 12　終助詞と共起する「(の) じゃないか」のバリエーション

	な	かしら	ね	かい	よ	のう
(の) じゃなかったか	79	22	5	5	0	0
(の) じゃなかったのか	13	5	5	8	3	0
(の) じゃないですか	1	0	239	4	0	0
(の) じゃないのですか	0	0	20	2	0	0
(の) じゃなかったですか	0	0	6	0	0	0
(の) じゃなかったのですか	0	0	1	0	0	0
計	93	27	276	19	3	0

　表 11 と表 12 を比べると、「(の) ではないか」と同じ傾向が見られる。単一要素が入っているバリエーション (「(の) じゃないか」) のほうが 2 つ以上の要素が入っているバリエーション (「(の) じゃなかったか」など) より、終助詞と共起しやすい。なお、終助詞と共起する「(の) じゃないか」以外の用例を表 12 が示した順に挙げる。

(79)　堀井幸子の場合は、一緒のテレビ番組に出たとき、先輩の自分を無視したといって、柏崎マリが怒ったんですよ、以来、仲が悪かったんじゃなかったかな。　　　　　　　　　　　(BCCWJ　図書館・書籍　西村京太郎 (著))

(80)　町の人はおやじに対して、賛否半々じゃなかったのかな。

　　　　　　　　　　　　　(BCCWJ　特定目的・ベストセラー　松山千春 (著))

(81)　それは、日本のマスコミは発達していますから、マスコミは、ないしょだ、オフレコだと言ったって、オフレコはよく書くんですから、それだけに、その辺を考えていただきましてちょうどいい格好になるんじゃないですかな、私はそう思っております。

　　　　　　　　　　　　　　　(BCCWJ　特定目的・国会会議録)

(82) 相手は間の悪そうに目ばたきをして「たしか喜十さん<u>じゃなかったかし</u><u>ら</u>。湯村の篠笹屋の番頭さんじゃなかったかしら」と念を押し「ほうれ今年の六月ころ、君が篠笹屋の露天風呂で僕の目鏡のたまを踏み割った、あの番頭さんの喜十さんだろう」と太った客は云った。

（BCCWJ　出版・書籍　井伏鱒二（著））

(83) 「それは太陽様を絶対的に信じていられるからです。自分は守られていると確信できる強さが、相手をたじろがせたと思うの。前の日に夢を見せたのも、たんなる予知夢じゃなくて、私に対する試練みたいなもの<u>じゃ</u><u>なかったのかしら</u>。“泥棒が入るぞ。恐い目に会うぞ。信ずるならば助けてやる”と神様が私をためしたんです」そう話す傍らで光祖が大きく頷く。　　　　　　　　　　　（BCCWJ　図書館・書籍　ひろたみを（著））

(84) そのとおりのことが起こった<u>んじゃなかったかね</u>？

（BCCWJ　図書館・書籍　マーセデス・ラッキー（著）／山口緑（訳））

(85) 石川のおばあちゃんが亡くなってもそんな気配もないし、うちの母が九十も余っていらっしゃるからということ<u>じゃなかったのかね</u>。

（BCCWJ　出版・書籍　富本定（著）／真下厚（著））

(86) そうするとニューナンブはメインにならないから、映画から入った人間にとってはニューナンブっていうのは今ひとつ、みたいな部分もある<u>ん</u><u>じゃないですかね</u>。

（BCCWJ　出版・雑誌　実著者不明／栩野幸知（著））

(87) つかず離れずがいちばんいい<u>んじゃないんですかね</u>。

（BCCWJ　図書館・書籍　野村有紀子（著）／野村沙知代（著））

(88) 「そうだね。大きな窯を焚くたんびに黒い煙が出て、洗濯物は汚れるし、火の始末も心配だって、ご近所からだいぶん苦情が出てたようですよ。そんなことで、よそへ移ってかれた<u>んじゃなかったですかね</u>。」

（BCCWJ　図書館・書籍　夏樹静子（著））

(89) 六本木にあったビデオボックスのマッシュルームってつぶれたんですか？リニューアル<u>じゃなかったんですかね</u>？

(90)「はめられたんだ。だけど、二部屋しか離れていないところで由香が撮影してるってことがわかったら、顔を合わさないで帰っちゃうのは、何だかコソコソしてるみたいに思えてきたんだよ。コソコソしちゃいけないんだって気になったんだ。由香はいや<u>じゃなかったかい</u>？あんなところでおれと顔を合わせて」　　　　（BCCWJ　図書館・書籍　勝目梓（著））

(91)「修ちゃん、これひょっとして、宣子さんへの土産<u>じゃなかったのかい</u>」
　　　　　　　　　　　　　　（BCCWJ　図書館・書籍　志水辰夫（著））

(92)「お客さん、そろそろ電車、動いている<u>んじゃないですかい</u>。午後十一時ですよ。
　　ところでお客さん、どこまでお帰りになられるんで」。
　　　　　　　　　　　　　　　　　　　　（BCCWJ　特定目的・ブログ）

(93)「社長、そろそろ忙しくなって<u>んじゃねえんですかい</u>？」ギイさんが、そばへ来て言った。　　　　　（BCCWJ　図書館・書籍　北方謙三（著））

(94)「なんでって―そもそも、こういうことが聞きたくて俺に近づいた<u>んじゃなかったのか</u>よ」　　　　（BCCWJ　出版・書籍　村山由佳（著））

　以上は終助詞と共起する「じゃ」類のバリエーションを整理した。次の2.2.5では「だろう」と共起する「じゃ」類のバリエーションを考察する。

2.3.5　「だろう」との共起

　「（の）じゃないか」も「（の）ではないか」と同じように、「だろう」及びその丁寧形である「でしょう」と共起できる。今回の調査で、「（の）じゃないだろうか」を206例、「（の）じゃなかろうか」を158例、「（の）じゃないのだろうか」を7例、「（の）じゃないでしょうか」を1212例、「（の）じゃないのでしょうか」を79例収集した。その用例を以下に示す。

(95)「ええ。だって旦那が、あの薬缶の話をしていた大工も、ひょっとすると

　　先の世の中から来た者じゃないだろうか、なんて言っていたものですか
　　ら」
　　　　　　　　　　　　　（BCCWJ　図書館・書籍　半村良（著））

(96)　何かこのあたりで、落語家としてチャレンジすべきなんじゃなかろうか。
　　　　　　　　　　　　　（BCCWJ　図書館・書籍　桂三枝（著））

(97)　けれどつい最近、ふと思ったのです。避けるのは分かるけど、私に悪口
　　を言ったり罵声をあびせたりする必要は無かったんじゃないのだろうか。
　　　　　　　　　　　　　（BCCWJ　特定目的・ブログ）

(98)　監督さんの「ヘアスタイルを維持して」っていう要求にも、「伸ばした
　　い」って断ったみたいですもんね。役に没頭するドンゴンさんがそうい
　　うことを言うなんて、よほどイヤだったんじゃないでしょうか。
　　　　　　　　　　　　　（BCCWJ　特定目的・ブログ）

(99)　CM に出ているタレントさんが実はその CM で紹介される商品を使って
　　いないとかはよくあることじゃないんでしょうか。
　　　　　　　　　　　　　（BCCWJ　特定目的・知恵袋）

　　用例数からみると、「（の）じゃないか」は「でしょう」と共起する場合が多
いことが分かった。またその他の 2 つ以上の要素が入るバリエーションと
して、「（の）じゃなかっただろうか」を 1 例、「（の）じゃなかったのだろうか」
を 1 例、「（の）じゃなかったでしょうか」を 8 例、「（の）じゃなかったので
しょうか」を 4 例収集した。タ形が入ってしまうと、「だろう」と共起しにく
くなる。それぞれの用例を以下に示す。

(100)　思考を他に伝達しようとする意志が、そのときしらずしらずのうちに含
　　　まれていたんじゃなかっただろうか？　（BCCWJ　特定目的・知恵袋）

(101)　どんな理由があったのか知る由も無いが、まず旦那様に相談するとか、
　　　悩みを打ち明けるって状況じゃなかったんだろうか…
　　　　　　　　　　　　　（BCCWJ　図書館・書籍　高木彬（著））

(102)　二十〜十五年前にとっても流行ってました。デザイナーズブランドのな

かでも 1、2 番人気じゃなかったでしょうか。

（BCCWJ　図書館・書籍　筒井康隆（著））

(103)「奥さんが聞きつけたというピストルの音は本当に弾丸をうつ音だった
　　　んでしょうか。犯人が、自分のアリバイを作るための偽音じゃなかった
　　　んでしょうか？」　　　　　　　（BCCWJ　特定目的・ブログ）

　さらに、終助詞の要素が入ると、用例数が少なくなる。用例として、「（の）
じゃないだろうかな」を 5 例、「（の）じゃなかろうかな」を 12 例、「（の）
じゃないのだろうかな」を 1 例、「（の）じゃないだろうかね」を 1 例、「（の）
じゃなろうかね」を 1 例、「（の）じゃないでしょうかな」を 1 例、「（の）じゃ
ないでしょうかね」を 66 例、「（の）じゃなかったろうかね」を 1 例収集した
が、それ以外のバリエーションは収集できなかった。その用例を以下に示す。

(104) ところが見ると、今でもなかなか狭いところに、広げて人道と車道を分
　　　けて並木を植えるというのならそれはわかるけれども、ここに並木を植
　　　えたら随分と狭くなってしまうのじゃないだろうかなと思った。

（BCCWJ　特定目的・国会会議録）

(105) 雇い主は、この金は全然返還請求権がないのですね。全部労働者に行く
　　　というのですね。これなんか一つ問題なんじゃなかろうかなと私は実は
　　　思っているわけです。　　　　（BCCWJ　特定目的・国会会議録）

(106) 来年四月に天皇御在位六十年の祝賀式典が挙行されるわけでございまし
　　　て、この祝賀行事に寄せて死刑囚平沢貞通に対する恩赦による救済がで
　　　きないものだろうか、少なくとも検討してもよい問題じゃないのだろう
　　　かなと考えますので、その点について初めにお尋ねいたします。

（BCCWJ　特定目的・国会会議録）

(107)「しゃべるのは、母ちゃんみたいにうまくいかないけど、いっそそのほ
　　　うがいいんじゃないだろうかね。近ごろの子ときたら、小生意気なこと
　　　がいえりゃ、頭がいいんだと思いこんでるから。あの小さな子が来てく

れて、なんだかこっちまで若返ったような気がするよ」

　　（BCCWJ　図書館・書籍　L・M・モンゴメリー（著）／掛川恭子（訳））

(108)「鶏どもがさ。そうじゃなかろうか、お姐さん」とタデウスは答えなが
　　　ら、「鐘ひとつ早い時刻から鳴くせっかち鶏どもは、糞ったれじゃなか
　　　ろうかね。」

　　（BCCWJ　出版・書籍　L・ザッヘル・マゾッホ（著）／飯吉光夫（訳））

(109)　私が知っているのはその程度にすぎません。こんなことは、すでに警察
　　　の捜査でも出てきているのじゃないでしょうかなあ。

　　　　　　　　　　　　　　（BCCWJ　図書館・書籍　内田康夫（著））

(110)　話がそれますが、結婚改姓にあこがれる女の子の意識って、たぶん今書
　　　いた僕の気分と同じようなものじゃないでしょうかね。

　　　　　　　　（BCCWJ　図書館・書籍　榊原富士子（著）／貴志友彦（著））

(111)「こりゃ全く、父さんは忘れちまったな。いや、いや、そんなこたない
　　　ぞ。そいつは、このきれえな房々の髪の一巻きじゃなかったろうか
　　　ね？」と、愛撫の手を娘の髪に掛け。

　　（BCCWJ　図書館・書籍　チャールズ・ディケンズ（著）／田辺洋子（訳））

2.4　おわりに

　第 2 章において、「(の) ではないか」のバリエーションを非縮約形の「で
は」類と縮約形の「じゃ」類に分け、「文末詞の変化」、「タ形との共起」、「丁
寧形」、「終助詞との共起」及び「「だろう」の共起」という 5 つの方面から、
BCCWJ に用いられるバリエーションを整理した。

　全体の傾向として、「では」類も「じゃ」類も文末詞が「か」である場合の
用例が最も多い。そして、タ形と共起する用例数が少なく、非過去のバリエー
ションのほうがより使用される。また、丁寧形には「～ないですか」と「～あ
りませんか」の 2 通りがあるにもかかわらず、「～ないですか」の方の用例が
断然に多かった。さらに、終助詞と共起する場合、「な」と共に使用される例
が最も多かった。そして、普通体の「だろう」より、「でしょう」と共に現れ

る確率が高かった。最後に、２つ以上の要素が含まれる複合的なバリエーションとなると、用例数が急減することも分かった。

第3章　各バリエーションの使用傾向と使用頻度

3.1　はじめに

　「（の）ではないか」のバリエーションの全てが全く同様に使えるというわけではなく、それぞれの使用傾向、使用頻度面において、一定の差が存在する。本章では、各バリエーションのレジスター別の分布を見る。BCCWJ には様々なレジスターが存在しており、その母体数も異なる。そのため、出現数（粗頻度）で比較するには不適切であり、調整頻度にして比較を行う必要が出てくる。粗頻度とは、コーパスから抽出された状態のまま、調整を加えていない頻度情報のことである。粗頻度には、それを抽出する元であるコーパスのサイズの情報などが含まれていないため、サイズの異なる複数のコーパスから抽出された粗頻度を比較することができない。そのため、サイズの違うコーパスから得られた頻度の比較をするには、粗頻度を一定の基準によって調整した値（調整頻度）を使う。基準は一定のものではなく、比較するコーパスのサイズなどを踏まえ決めるが、本研究においては、「100 万語あたりの調整頻度（PMW）」を使う。

　ここでは、BCCWJ における短単位の場合のレジスター等の語数を表 13 に示す。この表は国立国語研究所が公表した「『現代日本語書き言葉均衡コーパス』語彙 ver.1.1　解説」に基づいて作成している。

表13　BCCWJ の短単位の延べ語数

レジスター（略称）	可変長	固定長	統合形式
出版・書籍（PB）	27039539	6363435	28450509
出版・雑誌（PM）	4196696	1157252	4424572
出版・新聞（PN）	877202	930600	1369772
図書館・書籍（LB）	28828228	6685183	30307622
特定目的・白書（OW）	4712324	1041559	4880892
特定目的・教科書（OT）	924939		
特定目的・広報誌（OP）	3750468		
特定目的・ベストセラー（OB）	3737668		
特定目的・Yahoo！知恵袋（OC）	10235490		
特定目的・Yahoo！ブログ（OY）	10125783		
特定目的・韻文（OV）	223181		
特定目的・法律（OL）	1079083		
特定目的・国会会議録（OM）	5102439		
BCCWJ 全体	104612418		

　公表された資料によると、BCCWJ 全体の語数は PM～OW は統合形式、OT～OM は可変長で集計しているが、本稿において調整頻度を計算する際に、統一して「可変長」の延べ語数を用いる。

　この章において、3.2「文末詞の変化のバリエーション」、3.3「タ形と共起するバリエーション」、3.4「丁寧形のバリエーション」、3.5「終助詞と共起するバリエーション」、3.6「「だろう」と共起するバリエーション」という順で各バリエーションの分布を考察し、それぞれの使用傾向と使用頻度を明らかにする。

3.2　文末詞の変化のバリエーション

　この節において、非縮約形の「（の）ではないか」、「（の）ではないの」、

「(の) ではないのか」と縮約形の「(の) じゃないか」、「(の) じゃないの」、
「(の) じゃないのか」という 6 つの形式を見る。3.2.1 では、「(の) ではない
か」、「(の) ではないの」、「(の) ではないのか」の分布を、3.2.2 では、
「(の) じゃないか」、「(の) じゃないの」、「(の) じゃないのか」の分布を見
る。最後の 3.2.3 では、6 つの形式の特徴とそれぞれの相違点を明らかにす
る。

3.2.1　「(の) ではない (の) か／の」

　この節で、「(の) ではないか」、「(の) ではないの」、「(の) ではないのか」
という 3 つの形式の分布を見る。まず「(の) ではないか」のレジスター別調
整頻度 (PMW) を下の表 14 に示す。

表 14　「(の) ではないか」レジスター別調整頻度

	出現数	PMW	PMW 中の割合
特定目的・国会会議録	3590	703.6	41.6%
特定目的・ベストセラー	718	192.1	11.4%
図書館・書籍	5195	180.2	10.7%
出版・新聞	139	158.5	9.4%
出版・書籍	3792	140.2	8.3%
出版・雑誌	420	100.1	5.9%
特定目的・ブログ	581	57.4	3.4%
特定目的・知恵袋	530	51.8	3.1%
特定目的・教科書	41	44.3	2.6%
特定目的・韻文	8	35.8	2.1%
特定目的・白書	64	13.6	0.8%
特定目的・広報誌	48	12.8	0.8%
合計	15126	1690.4	100.0%

上の表 14 から分かるように、「（の）ではないか」は特定目的・国会会議録での使用が目立つ。その次に、特定目的・ベストセラー、図書館・書籍、出版・新聞、出版・書籍の順で並べている。全体的に見ると、「（の）ではないか」は広い範囲で使われていることが分かる。次に「（の）ではないの」のレジスター別調整頻度を見る。

表15 「（の）ではないの」レジスター別調整頻度

	出現数	PMW	PMW 中の割合
特定目的・ブログ	3	0.3	40.4%
特定目的・知恵袋	3	0.3	40.0%
出版・書籍	2	0.1	10.1%
図書館・書籍	2	0.1	9.5%
合計	10	0.7	100.0%

今回は文末に使用される「（の）ではないの」の用例に限定し、収集する際に、「品詞＞大分類＞補助記号」という条件を設定した。それでも、（112）のような否定を表す用例がある。

（112）「リード…私はあなたがボスだから拒んだわけではないの。拒めば、私たちが純粋に上司と部下の関係でいられると思ったからなのよ」
（BCCWJ　出版・書籍　デイ・ラクレア（著）／真咲理央（訳））

（112）のような用例を除外すると、「（の）ではないの」の用例は10例となり、文末に使用する頻度が非常に低いことが分かった。使用されるとしても、80％以上が特定目的・ブログと特定目的・知恵袋のような話し言葉を書き言葉にする媒体になり、使用範囲が狭い。次に「（の）ではないのか」を見る。

表16　「(の) ではないのか」レジスター別調整頻度

	出現数	PMW	PMW 中の割合
特定目的・国会会議録	80	15.7	29.8%
特定目的・ベストセラー	36	9.6	18.3%
図書館・書籍	231	8.0	15.2%
出版・書籍	182	6.7	12.8%
出版・雑誌	21	5.0	9.5%
出版・新聞	3	3.4	6.5%
特定目的・ブログ	23	2.3	4.3%
特定目的・知恵袋	15	1.5	2.8%
特定目的・白書	2	0.4	0.8%
合計	593	52.6	100.0%

　上の表16から分かるように、「(の) ではないのか」もあまり使用されないが、「(の) ではないの」よりは使用率が高い。そして、特定目的・国会会議録で最も多く使われるが、「(の) ではないか」のように割合が高くない。最後に「(の) ではないか」、「(の) ではないの」、「(の) ではないのか」という3形式のレジスター別調整頻度を比較する表を次のページに示す。

表 17　3 形式の PMW 比較表

（「（の）ではないか」、「（の）ではないの」、「（の）ではないのか」）

	（の）ではないか	（の）ではないの	（の）ではないのか
特定目的・国会会議録	703.6	0	15.7
特定目的・ベストセラー	192.1	0	9.6
図書館・書籍	180.2	0.1	8
出版・新聞	158.5	0	3.4
出版・書籍	140.2	0.1	6.7
出版・雑誌	100.1	0	5
特定目的・ブログ	57.4	0.3	2.3
特定目的・知恵袋	51.8	0.3	1.5
特定目的・教科書	44.3	0	0
特定目的・韻文	35.8	0	0
特定目的・白書	13.6	0	0.4
特定目的・広報誌	12.8	0	0
合計	1690.4	0.7	52.6

　上の表 17 から分かるように、3 形式の中で最も多く使用されるのも、使用
範囲が最も広いのも「（の）ではないか」である。そして、レジスターでの調
整頻度としての使用数をみると、出版・新聞のところで少し違うが、「（の）で
はないか」と「（の）ではないのか」が同じような使用傾向が見られる。

　以上、「（の）ではないか」、「（の）ではないの」、「（の）ではないのか」につ
いて見たが、次の 3.2.2 で「（の）じゃないか」、「（の）じゃないの」、「（の）
じゃないのか」について見る。

3.2.2　「（の）じゃない（の）か／の」

　この節で、「（の）じゃないか」、「（の）じゃないの」、「（の）じゃないのか」
という 3 つの形式の分布を見る。まず「（の）じゃないか」のレジスター別調

整頻度（PMW）を表 18 に示す。

表 18　「(の) じゃないか」レジスター別調整頻度

	出現数	PMW	PMW 中の割合
特定目的・国会会議録	2017	395.3	39.9%
特定目的・ベストセラー	646	172.8	17.5%
図書館・書籍	3289	114.1	11.5%
出版・書籍	2037	75.3	7.6%
出版・雑誌	290	69.1	7.0%
特定目的・ブログ	689	68.0	6.9%
特定目的・知恵袋	478	46.7	4.7%
出版・新聞	24	27.4	2.8%
特定目的・韻文	3	13.4	1.4%
特定目的・教科書	5	5.4	0.5%
特定目的・広報誌	9	2.4	0.2%
合計	9487	990.0	100.0%

　上の表 18 から分かるように、「(の) じゃないか」は特定目的・国会会議録
での使用が目立つ。その次に、特定目的・ベストセラー、図書館・書籍、出
版・書籍、出版・雑誌の順で並べている。全体的に見ると、「(の) じゃない
か」は様々なレジスターで使われていることが分かる。次に「(の) じゃない
の」のレジスター別調整頻度を見る。

表19 「(の) じゃないの」レジスター別調整頻度

	出現数	PMW	PMW 中の割合
特定目的・知恵袋	304	29.7	43.5%
特定目的・ブログ	136	13.4	19.7%
図書館・書籍	178	6.2	9.1%
出版・雑誌	25	6.0	8.7%
特定目的・ベストセラー	22	5.9	8.6%
出版・書籍	153	5.7	8.3%
出版・新聞	1	1.1	1.7%
特定目的・広報誌	1	0.3	0.4%
合計	820	68.2	100.0%

　「(の) ではないの」と同じような条件を設定して検索してみたところ、「(の) じゃないか」を 2367 例収集した。今回は時間と労力の関係で、人工的に否定を表す用例を除外するのができないため、「(の) じゃないの？」の用例に限定した結果、820 例となった。この 820 例の使用傾向をみると、特定目的・知恵袋での使用が目立つが、特定目的・ブログでの使用を入れると、全体の 6 割以上を占める。そのため、「(の) じゃないの」は書き言葉より話し言葉的な存在だと言える。次に、「(の) じゃないのか」について見る。「(の) じゃないのか」のレジスター別の調整頻度表は次のページになる。

表 20　「(の) じゃないのか」レジスター別調整頻度

	出現数	PMW	PMW 中の割合
特定目的・ベストセラー	35	9.4	20.9%
特定目的・国会会議録	43	8.4	18.8%
図書館・書籍	236	8.2	18.3%
出版・書籍	159	5.9	13.1%
特定目的・知恵袋	47	4.6	10.3%
特定目的・ブログ	46	4.5	10.2%
出版・雑誌	11	2.6	5.9%
出版・新聞	1	1.1	2.5%
合計	578	44.8	100.0%

　上の表 20 から分かるように、「(の) じゃないのか」はあまり使用されない。また、いずれかのレジスターでの使用が目立つこともない。最後に「(の) じゃないか」、「(の) じゃないの」、「(の) ではないのか」という 3 形式のレジスター別調整頻度を比較する表を次のページに示す。

表 21　3 形式の PMW 比較表

（「（の）じゃないか」、「（の）じゃないの」、「（の）じゃないのか」）

	（の）じゃないか	（の）じゃないの	（の）じゃないのか
特定目的・国会会議録	395.3	0	8.4
特定目的・ベストセラー	172.8	5.9	9.4
図書館・書籍	114.1	6.2	8.2
出版・書籍	75.3	5.7	5.9
出版・雑誌	69.1	6	2.6
特定目的・ブログ	68	13.4	4.5
特定目的・知恵袋	46.7	29.7	4.6
出版・新聞	27.4	1.1	1.1
特定目的・韻文	13.4	0	0
特定目的・教科書	5.4	0	0
特定目的・広報誌	2.4	0.3	0
合計	990	68.2	44.8

　上の表 21 から分かるように、3 形式の中で最も多く使用されるのも、使用範囲が最も広いのも「（の）じゃないか」である。そして、今回は「（の）じゃないの？」に限定しているが、「（の）じゃないの」の使用例が計 2367 であり、その全てが否定疑問文の用例だとしても、その使用頻度は「（の）じゃないか」を超えることはない。

　以上、「（の）じゃないか」、「（の）じゃないの」、「（の）じゃないのか」の 3 つの形式について見た。次の 3.2.3 で 6 つの形式の特徴及びそれぞれの相違点を見る。

3.2.3　まとめ

　以上の 3.2.1 と 3.2.2 において、非縮約形の「（の）ではないか」、「（の）ではないの」、「（の）ではないのか」と縮約形の「（の）じゃないか」、「（の）

じゃないの」、「（の）じゃないのか」の 6 つの形式の各レジスターにおける分布を見た。以下に 6 つの形式の各レジスターにおける頻度の比較表を示す。

表 22　6 形式の PMW 比較表

（「（の）ではないか」、「（の）ではないの」、「（の）ではないのか」
「（の）じゃないか」、「（の）じゃないの」、「（の）じゃないのか」）

	（の）では ないか	（の）じゃ ないか	（の）じ ないの	（の）では ないのか	（の）じゃ ないのか	（の）では ないの
OM	703.6	395.3	0	15.7	8.4	0
OB	192.1	172.8	5.9	9.6	9.4	0
LB	180.2	114.1	6.2	8	8.2	0.1
PN	158.5	27.4	1.1	3.4	1.1	0
PB	140.2	75.3	5.7	6.7	5.9	0.1
PM	100.1	69.1	6	5	2.6	0
OY	57.4	68	13.4	2.3	4.5	0.3
OC	51.8	46.7	29.7	1.5	4.6	0.3
OT	44.3	5.4	0	0	0	0
OV	35.8	13.4	0	0	0	0
OW	13.6	0	0	0.4	0	0
OP	12.8	2.4	0.3	0	0	0
計	1690.4	990	68.2	52.6	44.8	0.7

　以上の 3.2.1 と 3.2.2 及び上の表 22 に基づき、それぞれの特徴を以下にまとめる。

①「（の）ではないか」は最も広い範囲で使われ、使用頻度も最も高い。特に特定目的・国会会議録での使用が目立つ。

②「（の）じゃないか」は 2 番目に広い範囲で使われ、使用頻度も 2 番目に高い。「（の）ではないか」と同じように特定目的・国会会議録での使用が目立つ。

③「（の）じゃないの」は「（の）ではないか」と「（の）じゃないか」に比べ、使用範囲が狭く、使用頻度も大幅に下がった。そして、その全体の6割以上が特定目的・知恵袋と特定目的・ブログで使用されるため、書き言葉より話し言葉的な存在だと言える。

④「（の）ではないのか」は更に使用されなくなるが、特定目的・国会会議録での使用が目立つ。

⑤「（の）じゃないのか」はあまり使用されない。また、いずれかのレジスターでの使用が目立つこともない。

⑥「（の）ではないの」はほとんど使用されないが、使用された用例は80%以上が特定目的・ブログと特定目的・知恵袋のような話し言葉を書き言葉にする媒体である。この点は「（の）じゃないの」と類似している。

以上の3.2で文末詞の変化のバリエーションについて見た。次の3.3において、タ形と共起するバリエーションを見る。

3.3　タ形と共起するバリエーション

タ形と共起するバリエーションとして、非縮約形の「（の）ではなかったか」、「（の）ではなかったの」、「（の）ではなかったのか」と縮約形の「（の）じゃなかったか」、「（の）じゃなかったの」及び「（の）じゃなかったのか」という6つがある。この節において、この6つの形式の各レジスターにおける分布を見ることで、各形式の使用傾向と使用頻度を明らかにする。

3.3.1　「（の）ではなかった（の）か／の」

この節において、非縮約形の「（の）ではなかったか」、「（の）ではなかったの」、「（の）ではなかったのか」の分布を見る。まず「（の）ではなかったか」のレジスター別調整頻度を次の表23に示す。

表 23　「(の) ではなかったか」レジスター別調整頻度表

ではなかったか	出現数	PMW	PMW 中の割合
図書館・書籍	114	4.0	26.1%
特定目的・ベストセラー	11	2.9	19.4%
出版・書籍	76	2.6	17.4%
出版・雑誌	9	2.1	14.1%
特定目的・国会会議録	8	1.6	10.3%
出版・新聞	1	1.1	7.5%
特定目的・ブログ	7	0.7	4.6%
特定目的・知恵袋	1	0.1	0.6%
合計	227	15.2	100.0%

　「(の) ではなかったか」は使用頻度があまり高くない。図書館・書籍での使用が最も多いが、目立つほどの特徴ではない。次に、「(の) ではなかったの」のレジスター別調整頻度を見る。

表 24　「(の) ではなかったの」レジスター別調整頻度表

	出現数	PMW	PMW 中の割合
図書館・書籍	4	0.14	31.1%
出版・書籍	3	0.11	24.9%
特定目的・ブログ	1	0.10	22.1%
特定目的・知恵袋	1	0.10	21.9%
合計	9	0.5	100.0%

　表 24 から分かるように、「(の) ではなかったの」は使用頻度が非常に低い。そして、使用範囲も狭い、使用されるいずれのレジスターにおいてほぼ均等に分布していることも分かる。次に、「(の) ではなかったのか」について見る。

表25 「(の) ではなかったのか」レジスター別調整頻度表

	出現数	PMW	PMW 中の割合
特定目的・ベストセラー	6	1.6	24.8%
特定目的・国会会議録	7	1.4	21.2%
出版・新聞	1	1.1	17.6%
出版・書籍	25	0.9	14.3%
図書館・書籍	20	0.7	10.7%
特定目的・ブログ	4	0.4	6.1%
出版・雑誌	1	0.2	3.7%
特定目的・知恵袋	1	0.1	1.5%
合計	65	6.5	100.0%

　「(の) ではなかったのか」もあまり使用されず、特にいずれかのレジスターにおける使用が目立つこともない。

　以上の内容をまとめると、非縮約形の「(の) ではなかった (の) か／の」はあまり使用されることもなく、特に目立つ特徴も見られないことが分かった。次の 2.2.2 において、縮約形の「(の) じゃなかったか」、「(の) じゃなかったの」及び「(の) じゃなかったのか」について見る。

3.3.2　「(の) じゃなかった (の) か／の」

　縮約形の「(の) じゃなかったか」、「(の) じゃなかったの」及び「(の) じゃなかったのか」という 3 形式が各レジスターにおける分布について見る。まず「(の) じゃなかったか」のレジスター別調整頻度を次の表 26 に示す。

表26 「(の) じゃなかったか」レジスター別調整頻度表

	出現数	PMW	PMW 中の割合
特定目的・国会会議録	8	8.0	45.9%
図書館・書籍	22	3.9	22.3%

特定目的・ブログ	3	1.5	8.7%
特定目的・ベストセラー	1	1.4	7.8%
出版・雑誌	1	1.2	7.0%
出版・書籍	5	0.9	5.4%
特定目的・知恵袋	1	0.5	2.9%
合計	41	17.4	100.0%

　「（の）じゃなかったか」も使用頻度が低いが、特定目的・国会会議録での使用が目立つ。次に「（の）じゃなかったの」を見る。

表27　「（の）じゃなかったの」レジスター別調整頻度表

	出現数	PMW	PMW 中の割合
出版・書籍	24	0.9	29.9%
図書館・書籍	22	0.8	25.7%
特定目的・ベストセラー	2	0.5	18.0%
特定目的・ブログ	4	0.4	13.3%
特定目的・知恵袋	4	0.4	13.2%
合計	56	3.0	100.0%

　「（の）じゃなかったの」は使用頻度が低い。出版・書籍と図書館・書籍での使用を合わせると、5割以上になるため、書籍類での使用が目立つということが言える。次に「（の）じゃなかったのか」を見る。

表28 「(の) じゃなかったのか」レジスター別調整頻度表

	出現数	PMW	PMW 中の割合
出版・新聞	1	1.1	24.3%
特定目的・ベストセラー	4	1.1	22.8%
図書館・書籍	29	1.0	21.5%
出版・書籍	20	0.7	15.8%
特定目的・ブログ	4	0.4	8.4%
出版・雑誌	1	0.2	5.1%
特定目的・知恵袋	1	0.1	2.1%
合計	60	4.7	100.0%

　「(の) じゃなかったのか」もあまり使用されず、いずれかのレジスターにおける使用が目立つこともない。

　この節の最初にタ形と共起するバリエーションとして、非縮約形の「(の) ではなかったか」、「(の) ではなかったの」、「(の) ではなかったのか」と縮約形の「(の) じゃなかったか」、「(の) じゃなかったの」及び「(の) じゃなかったのか」という6つがあると述べた。この6つの調整頻度を合わせても47.2しかない。そして、「(の) じゃなかったか」の特定目的・国会会議録での使用、「(の) じゃなかったの」の書籍類での使用が目立つこと以外、その他の4つの形式には特に目立つ特徴が見られない。次の3.4で丁寧形のバリエーションの分布を見る。

3.4「丁寧形のバリエーション」

　この節では、まず「(の) ではないですか」、「(の) ではありませんか」、「(の) じゃないですか」、「(の) じゃありませんか」という4つの形式のレジスター別分布を見る。その次に、4つの形式のレジスター別の調整頻度の比較を行い、それぞれの特徴を明らかにする。まず「(の) ではないですか」を見る。

表 29　「（の）ではないですか」レジスター別調整頻度

	出現数	PMW	PMW 中の割合
特定目的・知恵袋	316	30.9	52.9%
特定目的・国会会議録	36	7.1	12.1%
出版・雑誌	21	5.0	8.6%
特定目的・ブログ	43	4.2	7.3%
出版・書籍	96	3.6	6.1%
図書館・書籍	69	2.4	4.1%
特定目的・ベストセラー	8	2.1	3.7%
出版・新聞	1	1.1	2.0%
特定目的・教科書	1	1.1	1.9%
特定目的・白書	4	0.8	1.5%
合計	595	58.3	100.0%

　「（の）ではないですか」は特定目的・知恵袋における使用が目立つ。同じ書き言葉であるとしても、知恵袋は疑問に思っていることを質問したり、その質問に回答したりする媒体であり、書き込む際に常に誰かがいることを念頭に置いているはずなので、「（の）ではないですか」のような形がよく使用されることになっているのであろう。次に「（の）ではありませんか」について見る。

表30 「（の）ではありませんか」レジスター別調整頻度

レジスター	出現数	PMW	PMW 中の割合
特定目的・国会会議録	79	15.5	25.4%
特定目的・ベストセラー	44	11.8	19.3%
図書館・書籍	250	8.7	14.2%
特定目的・知恵袋	76	7.4	12.2%
出版・書籍	176	6.5	10.7%
出版・雑誌	20	4.8	7.8%
特定目的・ブログ	34	3.4	5.5%
出版・新聞	1	1.1	1.9%
特定目的・広報誌	4	1.1	1.7%
特定目的・白書	4	0.8	1.4%
合計	688	61.0	100.0%

　「（の）ではありませんか」はいずれかのレジスターにおける使用が目立つことなく、バランスよく分布しているが、全体的に見ると、同じ丁寧形である「（の）ではないですか」とほぼ同じ使用頻度で使われる。次に、「（の）じゃないですか」を見る。

表31 「（の）じゃないですか」レジスター別調整頻度

	出現数	PMW	PMW 中の割合
特定目的・ブログ	365	1039.2	39.9%
特定目的・知恵袋	1589	792.1	30.4%
特定目的・ベストセラー	131	354.9	13.6%
出版・新聞	6	184.9	7.1%
特定目的・国会会議録	482	87.4	3.4%
出版・書籍	483	75.0	2.9%
出版・雑誌	202	48.1	1.8%

図書館・書籍	699	21.3	0.8%
特定目的・教科書	1	4.0	0.2%
合計	3958	2606.9	100.0%

　「(の) じゃないですか」は非常に使用頻度が高く、そして、特定目的・ブログと特定目的・知恵袋での使用がほぼ 7 割となる。次に「(の) じゃありませんか」を見る。

表 32　「(の) じゃありませんか」レジスター別調整頻度

	出現数	PMW	PMW 中の割合
特定目的・国会会議録	99	19.4	28.7%
特定目的・ベストセラー	71	19.0	28.1%
図書館・書籍	361	12.5	18.5%
出版・書籍	124	4.6	6.8%
特定目的・知恵袋	36	3.5	5.2%
特定目的・ブログ	34	3.4	5.0%
出版・雑誌	13	3.1	4.6%
出版・新聞	1	1.1	1.7%
特定目的・教科書	1	1.1	1.6%
合計	740	67.7	100.0%

　「(の) じゃありませんか」は「(の) ではありませんか」とほぼ同じ頻度で使われるが、使用傾向を見ると、特にいずれかのレジスターにおける使用が目立つことがない。
　以上、形式別にそれぞれのレジスター別の調整頻度を見たが、次に 4 つの形式のレジスター別調整頻度の比較を行う。

表33　4つの形式の PMW 比較表

(「(の) ではないですか」、「(の) ではありませんか」、
「(の) じゃないですか」、「(の) じゃありませんか」)

	(の) じゃ ないですか	(の) じゃ ありませんか	(の) では ありませんか	(の) では ないですか
OC	792.1	3.5	7.4	30.9
OM	87.4	19.4	15.5	7.1
PM	48.1	3.1	4.8	5
OY	1039.2	3.4	3.4	4.2
PB	75	4.6	6.5	3.6
LB	21.3	12.5	8.7	2.4
OB	354.9	19	11.8	2.1
PN	184.9	1.1	1.1	1.1
OT	4	1.1	0	1.1
OW	0	0	0.8	0.8
OP	0	0	1.1	0
計	2606.9	67.7	61	58.3

　表33 から見ると、4つの形式の中で、「(の) じゃないですか」の使用頻度
が最も高い。その他の3つの形式はほぼ同じ使用頻度で使われる。使用範囲に
おいては、4つの形式とも大差がない。それぞれの特徴をまとめると、以下に
なる。

①「(の) じゃないですか」は特定目的・ブログと特定目的・知恵袋での使用
　が目立ち、ほぼ7割を占める。

②「(の) じゃありませんか」と「(の) ではありませんか」はほぼ同じ使用頻
　度で使われ、両形式とも特徴と言えるような使用傾向が見られず、いずれか
　のレジスターにおける使用が目立つこともない。

③「(の) ではないですか」は特定目的・ブログでの使用は多くないが、「(の)

じゃないですか」と同じように、特定目的・知恵袋における使用が目立つ。ただし、「（の）じゃないですか」の使用頻度が「（の）ではないですか」より遥かに使用頻度が高い。それは話し言葉において、「では」より縮約形の「じゃ」のほうが使われやすいことが考えられる。

　以上の3.4において、丁寧形のバリエーションの分布を見てきた。次の3.5で終助詞と共起するバリエーションについて見る。

3.5　終助詞と共起するバリエーション

　BCCWJの調査により、「（の）ではないか」[7]と共起できる終助詞として、「な」、「かしら」、「ね」、「かい」、「よ」と「のう」の6つが挙げられる。この節において、まず3.5.1において、それぞれの終助詞と共起できるバリエーションを整理する。次に、3.5.2において、共起の多いバリエーションに限定し、それぞれの使用傾向と使用頻度について分析する。

3.5.1　終助詞と共起するバリエーション

　まず終助詞と共起する「では」類のバリエーション整理し、次の表34[8]に示す。

　表34を見ると、「では」類のバリエーションと共起する終助詞が数の多い順から、「な」、「ね」、「かしら」、「かい」、「のう」、「よ」のように並べている。次に終助詞と共起する「じゃ」類のバリエーションを整理する。

---

7)　ここでいう「（の）ではないか」は全てのバリエーションの代表形式である。
8)　ここで見るのは「では」類のバリエーションと終助詞と共起する用例数であるため、調整頻度を出す必要がない。次の表35も同じ粗頻度としての使用数を出す。

表34　終助詞と共起する「では」類のバリエーション

	な	ね	かしら	かい	のう	よ
(の)ではないか	365	25	63	6	1	1
(の)ではないのか	85	13	9	0	2	0
(の)ではなかったか	10	0	1	0	0	0
(の)ではなかったのか	7	4	2	0	0	0
(の)ではないですか	3	19	0	0	0	0
(の)ではないですのか	0	7	0	0	0	0
(の)ではなかったですか	0	2	0	0	0	0
(の)ではなかったのですか	0	0	0	0	0	0
(の)ではないだろうか	3	1	0	0	0	0
(の)ではないのだろうか	0	0	0	0	0	0
(の)ではなかろうか	17	0	0	0	0	0
(の)ではなかっただろうか	0	0	0	0	0	0
(の)ではなかったのだろうか	0	0	0	0	0	0
(の)ではなかったろうか	0	0	0	0	0	0
(の)ではないでしょうか	1	20	0	0	0	0
(の)ではないのでしょうか	0	4	9	0	0	0
(の)ではなかったでしょうか	0	0	0	0	0	0
(の)ではなかったのでしょうか	0	0	0	0	0	0
計	491	95	84	6	3	1
総計						680

表35　終助詞と共起する「じゃ」類のバリエーション

	な	かしら	ね	かい	よ	のう
(の)じゃないか	1946	446	103	49	68	2
(の)じゃないのか	307	27	53	61	15	2

（の）じゃなかったか	79	21	5	5	0	0
（の）じゃなかったのか	13	5	5	8	3	0
（の）じゃないですか	1	0	239	4	0	0
（の）じゃないですのか	0	0	20	2	0	0
（の）じゃなかったですか	0	6	0	0	0	0
（の）じゃなかったのですか	0	0	1	0	0	0
（の）じゃないだろうか	5	0	1	0	0	0
（の）じゃないのだろうか	1	0	0	0	0	0
（の）じゃなかろうか	12	0	1	0	0	0
（の）じゃなかっただろうか	0	0	0	0	0	0
（の）じゃなかったのだろうか	0	0	0	0	0	0
（の）じゃなかったろうか	0	0	1	0	0	0
（の）じゃないでしょうか	1	0	66	0	0	0
（の）じゃないのでしょうか	0	0	0	0	0	0
（の）じゃなかったでしょうか	0	0	0	0	0	0
（の）じゃなかったのでしょうか	0	0	0	0	0	0
計	2365	505	495	129	86	4
総計						3584

　上の表35を見ると、「じゃ」類のバリエーションと共起する終助詞が数の多い順から、「な」、「かしら」、「ね」、「かい」、「よ」、「のう」のように並べている。「かしら」と「ね」のところで、「では」類と「じゃ」類の間に順番の前後が生じている。また、全体の使用数、「では」類の680例、と「じゃ」類の3584例を見ると、終助詞と共起しやすいのが「じゃ」類のバリエーションであることが分かる。

　次に、3.5.2において、終助詞と共起の多いバリエーションに限定し、それぞれの使用傾向と使用頻度について分析する。

3.5.2 終助詞と共起するバリエーションの分布

　この節では、各終助詞と共起する「（の）ではないか」及び「（の）じゃない
か」のレジスター調整頻度をみることにより、どの形式の使用頻度が高いかを
明らかにする。

表36　終助詞と共起する「（の）ではないか」、「（の）じゃないか」の調整頻度

	な	かしら	ね	かい	よ	のう
（の）じゃないか	192.7	32.4	8.2	7.8	5.0	0.2
（の）ではないか	53.5	4.7	2.2	0.5	0.0	0.0

　表36から見ると、使用頻度の高い順に、「（の）じゃないかな」、「（の）では
ないかな」、「（の）じゃないかしら」、「（の）じゃないかね」と「（の）じゃな
いかい」のレジスター別の分布を見る。まず、「（の）じゃないかな」のレジス
ター別の調整頻度を見る。

表37　「（の）じゃないかな」レジスター別の調整頻度

	出現数	PMW	PMW 中の割合
特定目的・知恵袋	587	57.3	29.8%
特定目的・国会会議録	152	29.8	15.5%
特定目的・ブログ	280	27.7	14.3%
出版・雑誌	103	24.5	12.7%
特定目的・ベストセラー	66	17.7	9.2%
図書館・書籍	442	15.3	8.0%
出版・書籍	304	11.2	5.8%
出版・新聞	4	4.6	2.4%
特定目的・教科書	3	3.2	1.7%
特定目的・広報誌	5	1.3	0.7%
合計	1946	192.7	100.0%

　「（の）じゃないかな」は特定目的・知恵袋での使用頻度が最も高いが、次に、特定目的・国会会議録、特定目的・ブログ及び出版・雑誌に比較的均等に使用されている。次に、「（の）ではないかな」について見る。

表38　「（の）ではないかな」レジスター別の調整頻度

	出現数	PMW	PMW 中の割合
特定目的・国会会議録	192	37.6	70.4%
特定目的・知恵袋	53	5.2	9.7%
特定目的・ブログ	31	3.1	5.7%
出版・雑誌	9	2.1	4.0%
図書館・書籍	50	1.7	3.2%
出版・新聞	1	1.1	2.1%
特定目的・教科書	1	1.1	2.0%
出版・書籍	26	1.0	1.8%
特定目的・ベストセラー	2	0.5	1.0%
合計	365	53.5	100.0%

　「（の）ではないかな」は特定目的・国会会議録での使用が７割もあり、主に話者自身の推測を表す。例えば、（113）の用例は、話者が自分の推測を述べ、「（の）ではないかな」という形で自分の考えを婉曲的に表している。

(113) だからぼくは、学習院のこの前の教授が具体的な話はされなかったけれ
　　　ども、恐らく私はこういうふうな点のいろいろのものがその専門家の先
　　　生方にも疑問になっているのではないかなと思うんですが、私も採取権
　　　は三十年間、探査権は八年間、だったら合計三十八年間でも可能であっ
　　　たものが、必要に応じて五年ずつ延長申請をすれば可能であるというふ
　　　うな理由づけの中で五十年協定という形になる。

　　　　　　　　　　　　　　　　　　　（BCCWJ　特定目的・国会会議録）

「(の) じゃないかな」も 15.5％が特定目的・国会会議録で使用されている。その用例も上の（113）のように、話者自身の考えを婉曲的に述べる用例が多い。

（114）それからなお、仏教とキリスト教、神道との色分け、私の方の調べですと行刑施設ではお答えのとおりなんですが、少年院では神道とキリスト教とは逆の立場じゃないかなというふうに思います。

（BCCWJ　特定目的・国会会議録）

　次に、「(の) じゃないかしら」のレジスター別の調整頻度を見る。

表 39　「(の) じゃないかしら」レジスター別の調整頻度

	出現数	PMW	PMW 中の割合
特定目的・ベストセラー	37	9.9	30.5％
図書館・書籍	222	7.7	23.8％
出版・書籍	129	4.8	14.7％
出版・雑誌	17	4.1	12.5％
特定目的・教科書	2	2.2	6.7％
特定目的・知恵袋	21	2.1	6.3％
特定目的・ブログ	18	1.8	5.5％
合計	446	32.4	100.0％

　「(の) じゃないかしら」は特定目的・ベストセラー、図書館・書籍、出版・書籍での調整頻度を合わせると、約 7 割になるため、書籍類での使用頻度が高いことが言える。次に「(の) じゃないかね」のレジスター別の調整頻度を見る。

表40　「（の）じゃないかね」レジスター別の調整頻度

	出現数	PMW	PMW 中の割合
特定目的・ベストセラー	15	4.0	48.7%
図書館・書籍	50	1.7	21.0%
出版・書籍	27	1.0	12.1%
出版・雑誌	3	0.7	8.7%
特定目的・ブログ	4	0.4	4.8%
特定目的・知恵袋	4	0.4	4.7%
合計	103	8.2	100.0%

　「（の）じゃないかね」は約8割が書籍類で使用されるが、特別特定目的・ベストセラーでの使用が目立つ。最後に「（の）じゃないかい」のレジスター別の調整頻度を見る。

表41　「（の）じゃないかい」レジスター別の調整頻度

	出現数	PMW	PMW 中の割合
特定目的・ベストセラー	10	2.7	34.3%
図書館・書籍	54	1.9	24.0%
特定目的・ブログ	13	1.3	16.5%
特定目的・知恵袋	9	0.9	11.3%
出版・書籍	23	0.9	10.9%
出版・雑誌	1	0.2	3.1%
合計	110	7.8	100.0%

　「（の）じゃないかい」も「（の）ではないかしら」と「（の）ではないかね」と同じように、特定目的・ベストセラーでの使用頻度が最も高く、主に書籍類で使われる。

　以上3.5において、終助詞と共起するバリエーションの分布について見た。一番多く使用されるのが「（の）じゃないかな」であり、2番目が「（の）では

ないかな」である。終助詞の中で、「な」が一番「（の）ではないか」と共起し
やすいことが分かった。そして、「な」と共起する用例は特定目的・国会会議
録での使用が多いことも分かった。次の3.6において、「だろう」と共起する
バリエーションのレジスター別の分布を見る。

3.6「だろう」と共起するバリエーション

　この節において、「だろう」と共起するバリエーションのレジスター別の分
布を見て、それぞれの使用頻度と使用傾向を明らかにする。この節では、
「（の）ではないだろうか」、「（の）ではないでしょうか」、「（の）じゃないだろ
うか」と「（の）じゃないでしょうか」の4つのバリエーションを見る。
　まず「（の）ではないだろうか」の各レジスターにおける調整頻度を表42に
示す。

表42　「（の）ではないだろうか」レジスター別調整頻度

	出現数	PMW	PMW 中の割合
特定目的・国会会議録	182	36	19.0%
図書館・書籍	904	31	16.7%
出版・書籍	820	30	16.2%
特定目的・ベストセラー	80	21	11.4%
出版・雑誌	74	18	9.4%
出版・新聞	15	17	9.1%
特定目的・教科書	14	15	8.1%
特定目的・ブログ	107	11	5.6%
特定目的・韻文	1	4	2.4%
特定目的・白書	10	2	1.1%
特定目的・知恵袋	9	0.9	0.5%
特定目的・広報誌	3	0.8	0.4%
合計	2219	187.5	100.0%

「(の) ではないだろうか」は全体的に見ると、使用頻度は低くないが、いずれかのレジスターにおける使用が目立つことなく、比較的均等に分布している。

次に「(の) ではないでしょうか」の各レジスターにおける調整頻度を表43に示す。

表43 「(の) ではないでしょうか」レジスター別調整頻度

	出現数	PMW	PMW 中の割合
特定目的・知恵袋	1908	186.4	46.9%
特定目的・ブログ	331	32.7	8.2%
特定目的・ベストセラー	110	29.4	7.4%
出版・書籍	770	28.5	7.2%
出版・雑誌	116	27.6	7.0%
特定目的・広報誌	103	27.5	6.9%
図書館・書籍	750	26.0	6.5%
特定目的・国会会議録	97	19.0	4.8%
出版・新聞	16	18.2	4.6%
特定目的・教科書	2	2.2	0.5%
合計	4203	397.5	100.0%

まず、使用頻度から見ると、「(の) ではないでしょうか」は「(の) ではないだろうか」より2倍も多く使われている。そして、特定目的・知恵袋における使用が非常に目立つ。これは「(の) ではないですか」と同じような傾向性が見られるが、使用頻度から見ると、「(の) ではないでしょうか」は「(の) ではないですか」より多く使用される。

次に「(の) じゃないだろうか」の各レジスターにおける調整頻度を表44に示す。

表44 「（の）じゃないだろうか」レジスター別調整頻度

	出現数	PMW	PMW 中の割合
特定目的・国会会議録	83	16.3	61.7%
特定目的・ベストセラー	14	3.7	14.2%
図書館・書籍	56	1.9	7.4%
出版・雑誌	6	1.4	5.4%
特定目的・ブログ	11	1.1	4.1%
出版・書籍	27	1.0	3.8%
特定目的・知恵袋	9	0.9	3.3%
合計	206	26.3	100.0%

　表44から分かるように、「（の）じゃないだろうか」は使用頻度が低いが、使用傾向として、特定目的・国会会議録での使用が6割も占めており、特徴の一つだと言える。次に「（の）じゃないでしょうか」の各レジスターにおける調整頻度を表45に示す。

表45 「（の）じゃないでしょうか」レジスター別調整頻度

	出現数	PMW	PMW 中の割合
特定目的・知恵袋	728	71.1	57.3%
特定目的・国会会議録	94	18.4	14.8%
特定目的・ブログ	81	8.0	6.4%
出版・雑誌	31	7.4	6.0%
特定目的・ベストセラー	25	6.7	5.4%
図書館・書籍	178	6.2	5.0%
出版・新聞	3	3.4	2.8%
出版・書籍	71	2.6	2.1%
特定目的・広報誌	1	0.3	0.2%
合計	1212	124.1	100.0%

「(の) ではないでしょうか」と同じように、「(の) じゃないでしょうか」も
特定目的・知恵袋での使用が最も多いことが分かった。

　以上の内容をまとめると、まず 4 つの形式の中で、使用頻度として、「(の)
ではないでしょうか」、「(の) ではないだろうか」、「(の) じゃないでしょう
か」、「(の) じゃないだろうか」という順に上から下に並べている。そして、
使用傾向を見ると、「(の) ではないでしょうか」と「(の) じゃないでしょう
か」は特定目的・知恵袋で使用されやすく、「(の) じゃないだろうか」は特定
目的・国会会議録での使用が目立ち、「(の) ではないだろうか」はいずれかの
レジスターにおける使用が目立つことなく、比較的均等に用いられることが分
かった。

3.7　おわりに

　本章は BCCWJ で収集した「(の) ではないか」のバリエーションごとに、
その使用頻度と使用傾向について見てきた。結論として、バリエーションによ
り、それぞれの使用頻度と使用傾向が違うことが分かった。なお、表 46 に上
位 10 個のバリエーションの調整頻度と最も多く使用されるレジスターを示す。
これで、この 10 のバリエーションの使用頻度も使用傾向も明らかになる。

表 46　高頻度バリエーションリスト

順位	バリエーション	PMW	レジスター
1	（の）じゃないですか	2606.9	特定目的・ブログ（39.9%）
2	（の）ではないか	1690.4	特定目的・国会会議録（41.6%）
3	（の）じゃないか	990.0	特定目的・国会会議録（39.9%）
4	（の）ではないでしょうか	397.5	特定目的・知恵袋（46.9%）
5	（の）じゃないかな	192.7	特定目的・知恵袋（29.8%）
6	（の）ではないだろうか	187.5	特定目的・国会会議録（19.0%）
7	（の）じゃないでしょうか	124.1	特定目的・知恵袋（57.3%）
8	（の）じゃないの？	68.2	特定目的・知恵袋（43.5%）
9	（の）じゃありませんか	67.7	特定目的・国会会議録（28.7%）
10	（の）ではありませんか	61.0	特定目的・国会会議録（25.4%）

　表 46 を見ると、最もよく使われる形式は「（の）じゃないですか」であり、特定目的・ブログでの使用が最も目立つ。ついでに「（の）ではないか」という形式もかなり使用されており、特定目的・国会会議録での使用が最も多い。3 位は「（の）じゃないか」という形式で、「（の）ではないか」と同様に、特定目的・国会会議録での使用が最も多い。4 位は「（の）ではないでしょうか」で、特定目的・知恵袋での使用が目立つ。そして、5 位は「（の）じゃないかな」であり、4 位の「（の）ではないか」と同様に、特定目的・知恵袋での使用が目立つ。6 位は「（の）ではないだろうか」であり、特定目的・国会会議録での使用が目立つ。7 位は「（の）じゃないでしょうか」で、特定目的・知恵袋での使用が最も多い。また、8 位の「（の）じゃないの？」は 7 位の「（の）じゃないでしょうか」と同様に、特定目的・知恵袋での使用が最も多い。最後に、9 位である「（の）じゃありませんか」と 10 位である「（の）ではありませんか」は特定目的・国会会議録での使用が目立つ。

　レジスター別に見ると、特定目的・ブログにおいては、「（の）じゃないですか」が最もよく使用される。そして、特定目的・国会会議録においては、

「(の) ではないか」、「(の) じゃないか」、「(の) ではないだろうか」、「(の) じゃありませんか」と「(の) ではありませんか」の順で使われる。最後に、特定目的・知恵袋においては、「(の) ではないでしょうか」、「(の) じゃないかな」、「(の) じゃないでしょうか」と「(の) じゃないの？」の順で使用されることが分かる。

第4章 「(の) ではないか」の分類と用法

4.1 はじめに

　本章においては、職場コーパスから収集した「(の) ではないか」の用例[9]
を分析し、意味・機能の面から「(の) ではないか」の分類と用法について考
察する。

　まず、4.2 において、職場コーパスからの用例収集について紹介する。

　次に、4.3 において、「(の) ではないか」の分類と各分類の相違点について
論じる。

　そして、4.4 において、「(の) ではないか」の各分類の細かい用法について
論じ、また各用法間の関係について述べる。

4.2 職場コーパスからの用例収集

　この節では、職場コーパスという会話コーパスからの用例収集を紹介する。
職場コーパスというのは、首都圏で女性、男性それぞれ 19 名の協力者による
職場での自然会話を録音し、データ化した言語資料である。異なる職種・職場
において、20 代から 50 代の被験者を対象に、インフォーマルな場面とフォー
マルな場面での自然会話を収録している。女性の被験者は 20 代 5 人、30 代 5
人、40 代 6 人、50 代 3 人からなり、男性の被験者は各世代 5 名からなる。
データ化したものは被験者のものだけでなく、被験者と会話を交わした発話者

---

　9)　第 4 章では基本的に職場コーパスの用例を使用するが、例外が出る場合、明記する。

の会話も含まれている。

　用例収集する際に、第2章で整理した「（の）ではないか」のバリエーショ
ンを全て検索してみた。合わせて373例あるが、「では」類の用例が非常に少
なく、「（の）ではないか」と「（の）ではないかな」以外、他のバリエーショ
ンは収集できなかった。それに対し、「じゃ」類のバリエーションが比較的に
多く、用例数はあまり多くないが、終助詞「な」、「ね」と「よ」と共起するも
のも、「だろう」と共起するものも、タ形と共起するものも収集できた。職場
コーパスが収録しているのは自然会話であるため、「じゃ」類が多く用いられ
るのも考えられる。ただし、この中で、最も使用されているのが「じゃん」で
ある。そのため、首都圏では、自然会話において、「じゃん」が多用されると
言えよう。これら「じゃん」の用例は後の第5章で詳しく扱う。

　なお、職場コーパスから収集した用例数を表47に示す。

表47　職場コーパスの用例数

バリエーション	使用数	割合
じゃん	129	34.6%
（の）じゃないの	76	20.4%
（の）じゃないですか	70	18.8%
（の）じゃない（の）かな	45	12.1%
（の）じゃないか	39	10.5%
（の）ではないか	5	1.3%
（の）じゃないかよ	3	0.8%
（の）ではない（の）かな	2	0.5%
（の）じゃなかったかな	1	0.3%
（の）じゃないかね	1	0.3%
（の）じゃないだろうか	1	0.3%
（の）じゃないでしょうか	1	0.3%
総計	373	100.0%

　以上の 4.2 において、職場コーパスからの用例収集について紹介したが、次の 4.3 で「(の) ではないか」の分類について見る。

4.3 「(の) ではないか」の分類

　この節にでは、「(の) ではないか」の分類と各分類の相違点について論じる。まず 4.3.1 において、「(の) ではないか」の分類について述べる。そして、4.3.2 において、構文的特徴から各分類の相違点について述べる。最後の 4.3.3 において、文法化の度合いという角度から、各分類の相違点について述べる。

4.3.1 「(の) ではないか」の 3 分類

　本研究では、田野村 (1988) の分類基準にそって、「(の) ではないか」を「(の) ではないか I」、「(の) ではないか II」と「(の) ではないか III」と 3 分類する。そして、さらに、聞き手に共通認識を要求するか否かの基準により、各分類の用法を細かく分ける。

　「(の) ではないか I」は聞き手に共通認識を要求しない場合、「発見」と「提示」の用法がある。さらに、「提示」の用法を詳しく「判断の提示」、「評価の提示」と「意見の提示」と 3 分類する。聞き手に共通認識を要求する場合、「確認」の用法となる。そして、「(の) ではないか I」には「〜 (よ) うではないか」という特別の形式もあるが、聞き手に共通認識を要求しない場合、「自己意志の表明」となり、聞き手に共通認識を要求する場合、「勧誘」の用法となる。

　「(の) ではないか II」は聞き手に共通認識を要求するか否かと関係なく、話し手自身の推定を表す用法もあるが、それを「推測」と呼ぶ。

　「(の) ではないか III」は「ない」が否定辞本来の意味を発揮しており、「(の) ではないか I」と「(の) ではないか II」とは性質の違うものである。そのため、本研究においては、主に「(の) ではないか I」と「(の) ではないか II」の用法を扱う。

なお、筆者による「（の）ではないか」の分類法を簡潔にまとめると、以下の表 48 である。

表 48　筆者による「（の）ではないか」の分類

（の）ではないか I	発見	
	提示	①判断の提示
		②評価の提示
		③意見の提示
	確認	
	ようではないか	①意志の表明
		②勧誘
（の）ではないか II	推測	
（の）ではないか III	否定疑問文	

　以上、「（の）ではないか」の分類について述べたが、次に構文的特徴から各分類の相違点について述べる。

4.3.2　構文上の区別

　「（の）ではないか I」と「（の）ではないか II」は外形上類似し、混同されやすい。この節において、田野村（1988）を参考にしながら、構文的特徴から両形式の相違点について述べる。

　田野村（1988）は「「ではないか$_1$」は、「ではないか$_{2.3}$」と同様、一応は「で」「は」「ない」「か」のように形態的に分割できるとは言え、一個の全体としての纏まりが強く、内部構造の変更に対して厳格である。」[10]と述べている。

---

10)　田野村（1988）は「ではないか」を 3 分類し、それを順に「ではないか$_1$」、「ではないか$_2$」、「ではないか$_3$」と記し、更に、「ではないか$_2$」と「ではないか$_3$」の間の相違は小さいと考え、「ではないか$_2$」と「ではないか$_3$」を一括して扱うことが多く、その際には「ではないか$_{2.3}$」と記する。

　その上で、田野村（1988）は「ではないか₁」と「ではないか₂.₃」のそれぞれの特性を紹介した。本研究はそれを具体的にまとめ、例を挙げながら、「（の）ではないかⅠ」と「（の）ではないかⅡ」の相違点を見ていく。

　①「（の）ではないかⅠ」は体言または用言に接続するのに対して、「（の）ではないかⅡ」は体言に接続するのみである。用言に接続する場合、「のだ」を含まなければならない。これは「（の）ではないかⅠ」は「（の）ではないかⅡ」から独立の形式と見る根拠でもある。例えば、体言に接続すると、「（の）ではないかⅠ」も「（の）ではないかⅡ」も「のだ」（名詞の場合、「なのだ」になる）が含まれない場合がある。例えば、（115）は「発見」を表す「（の）ではないかⅠ」の用例であり、（116）は「推測」を表す「（の）ではないかⅡ」の用例である。両者とも体言にそのまま接続している。

(115)　10C：えびがはいってる。

　　　　10A：あ、えび↑　シュリンプ<u>じゃないですか</u>。

(116)　05G：恐いから同席してくれっちゅう。＜笑い　複数＞

　　　　05A：だれが恐いのよー。

　　　　05G：＜笑いながら＞いや、所長<u>じゃないですか</u>。

　　　　05A：えっ↑いや、別に恐くないよねー、そのー、やっぱり商売してる
　　　　　　　時にはー、ねー、商売の話をしてるわけだからー。

　しかし、「（の）ではないかⅡ」は体言に接続すると、（116）のように、そのままになる場合もあるが、「名詞＋なのだ」のような形式をとることが多い。例えば、次のような用例がある。

(117)　17A：や、ちょっと内容的にー、ぼくー最初解釈してたの、ちょっと
　　　　　　　違っててー ｜えー　（17E)｜、そいでこれ、［名字＋名前］さんに、
　　　　　　　あのー、お願いしたんですよー ｜はーはー　（17E)｜、そしたら裏
　　　　　　　面をこう見てですねー↑、あ、＜笑い　（17E）＞こうゆう内容<u>な</u>

んじゃないですか↑、ってぼくゆわれたもんですから ╿あー
(17E)╿ あっ、そうだー、と思って、そいでやってもらったんで
す。

　次に、用言に接続する場合、「(の) ではないかⅡ」は「のだ」を含まなけれ
ばならないが、「(の) ではないかⅠ」には「のだ」が含まれない場合が多い。
例えば、(118) は「確認」を表す「(の) ではないかⅠ」用例で、直接用言と
接続することが多い。一方、「推測」を表す「(の) ではないかⅡ」の場合、
(119) のように「のだ」を含まなければならない。

(118) 09M：→フランス語か。←アニエスベーってあるじゃないですか。
　　　 09A：あー、★ブランドで。
(119) 16A：なんか訴えられたりしたんじゃないですか↑

　②「(の) ではないかⅠ」には、「ない」をタ形「なかった」にした言い方に
したはない。それに反して、「(の) ではないかⅡ」にはそういう形が存在す
る。例えば、(120) のような形は「(の) ではないかⅡ」にしか現れないもの
である。

(120) そのとき私は彼の詐術を見たように思ったのだが、わざわざあして路
　　　 上に崩折れたのは、女の注意を惹くためであったのは勿論だが、怪我の
　　　 仮装で彼の内飜足を隠そうとしたのではなかったか？

　　　　　　　　　　　　　　　　　　　　　　　　　　　（中日対訳コーパス）

　③「(の) ではないかⅠ」は末尾部分を「〜かな (あ)」「〜かしら」にする言
い方が不可能だが、「(の) ではないかⅡ」は可能である。例えば、(121) と
(122) のような形は「(の) ではないかⅡ」にしか現れない。

(121) 20D：それは科の独自性とは違うでしょ、と。｜うん（20A）｜ 大学も、
　　　　　 あれじゃないの↑、が、学科ごとに卒業単位ってんじゃなくて、
　　　　　 124 単位なら 124 単位って全部決まって ###。

　　　 20C：最低は一緒なんじゃないかな。

(122) それだけならまだ可いのですが、時にはKの方でも私と同じような希望
　　　 を抱いて岩の上に坐っているのではないかしらと忽然疑い出すのです。
　　　　　　　　　　　　　　　　　　　　　　　　　　　　（中日対訳コーパス）

④「(の) ではないかⅠ」の場合には、推量を表す「だろう」「でしょう」を加
えた言い方「(の) ではないだろうか」「(の) ではないでしょうか」は不可能
である。一方、「(の) ではないかⅡ」の場合には、それが可能であり、またこ
れを更に、「(の) ではなかろうか」「(の) ではあるまいか」とすることもでき
る。例えば、（123）と（124）のような形は「(の) ではないかⅡ」にしか現れ
ない。

(123) この会社、つぶれるんじゃないだろうか----よけいなお世話かもしれな
　　　 いが、そう思った。　　　　　　　　　　　　　　　（中日対訳コーパス）

(124) 「さあ、来ていらっしゃるんじゃあないでしょうか。三沢さんは、いつ
　　　 もお店からはいるのを遠慮なさって横手からおはいりになりますか
　　　 らー」　　　　　　　　　　　　　　　　　　　　　（中日対訳コーパス）

⑤「(の) ではないかⅠ」は、「か」を「の」で置き換えた言い方が可能であ
り、この場合の「の」は終助詞である。例えば、（125）は「確認」を表す
「(の) ではないかⅠ」類に属し、「じゃないの」のような形が存在する。

(125) 13C：で、［名字の一部］ちゃんもー、そうゆうフォロー入れてくれな
　　　　　　 いのよねー。★悪者に。

　　　 13B：→入れた←じゃないのー。

13C：★だって、悪者にするじゃない。

13B：→だから、話を、話を←別の話にもってった<u>じゃ</u>★<u>ない</u>のー。

13C：→はー、←別の話にもってかなくて、切り上げていいのよー。

　それに対して、「（の）ではないかⅡ」の場合には、「か」の前に「の」を加えた形「（の）ではないのか」が考えられ、この場合の「の」は「のだ」の「の」である。例えば、（126）と（127）は田野村（1988）をそのまま引用したものだが、推測を表す「（の）ではないかⅡ」の用例である。要するに、（126）を（127）のように変えることはできるが、「（の）ではないかⅠ」の場合、そういうことは不可能である。

（126）（不審な様子から）どうもあの男犯人<u>じゃないか</u>？

（127）（不審な様子から）どうもあの男犯人<u>じゃないのか</u>？

⑥「（の）ではないかⅠ」は蓋然性を表す認識副詞と共起できないのに対し、「（の）ではないかⅡ」は共起できる。例えば、（128）のような例がある。

（128）→<u>きっと</u>←なんか方言からきて<u>んじゃないかな</u>、うざったいって。

（CSJ）

　以上、構文的特徴から「（の）ではないかⅠ」と「（の）ではないかⅡ」の相違点について述べた。次の4.3.3において、文法化の度合いという角度から、各分類の相違点について述べる。

4.3.3　文法化の度合い

　この節において、文法化の度合いという角度から、「（の）ではないか」の3分類の相違点について述べる。

　周知のように、「（の）ではないか」は「の」、「で」、「は」、「ない」、「か」という5つの単独の要素からなり、一まとまりの複合的な表現となった。単独な

文法的要素から一まとまりの表現に変化し続ける過程は文法化であるが、本研究はその通時的な変化の過程に重きを置かず、現代語における「(の) ではないか」の文法化の度合いについて考察し、3 種類の「(の) ではないか」の相違点を明らかにする。

　第 1 章でも述べたように、大堀 (2005) によると、文法化の基準として、意味の抽象性、範列の成立、標示の義務制、形態素の拘束性及び文法内での相互作用という 5 つがある。本研究は 5 つの基準に基づき、3 種類の「(の) ではないか」の文法化の度合いについて検討する。その結果を以下のようにまとめる。

① 意味の抽象性
　意味の抽象性とは、具体的な意味が薄れて、抽象的な意味を表すようになることである。

　「(の) ではないか」のそれぞれの意味から見ていくと、3 種類とも抽象的な感じはするが、「(の) ではないかⅢ」だけが、「ない」本来の否定辞の働きが保留されているため、文法化の度合いが最も低いと言えよう。しかし、「(の) ではないかⅠ」と「(の) ではないかⅡ」は、「ない」を含むとは言え、両者とも否定の意味合いが含まれず、どちらの意味がより抽象的なのかも言いにくいため、この点においては、結論を出すことは難しい。

　それから、文末の「か」の働きについて見る。一般的に、「か」は終助詞として文末に現れ、疑い・問いかけなどを表す。「(の) ではないか」には「か」が含まれており、「か」の本来の性質が残されているのはどれなのかを見ていく。「(の) ではないかⅠ」は発見、提示、確認などの意味がある。その中で、「確認」を表すときのみ、少し「か」の要素が残っていると思われる。一方、「(の) ではないかⅡ」は推測を表し、「か」の「疑い」の要素が完全に残されているように思う。こうして、「意味の抽象性」という基準においては、それぞれの文法化の度合いは以下のような結論を出すことができよう。

　(の) ではないかⅠ ＞「(の) ではないかⅡ」＞「(の) ではないかⅢ」

②範列の成立

　範列の成立とは、他の形式とグループ化でき、閉じたセットに組み込まれることである。例えば、「です」、「ます」は「敬語」という閉じたセットに組み込まれている。

　この点から見ていくと、「（の）ではないかⅢ」は「否定疑問文」という範列へ、「（の）ではないかⅡ」は「認識のモダリティ」という範列へ参入できるが、「（の）ではないかⅠ」はどの範列へ参入できるかは言いがたい。あえて言えば、確認を表す「（の）ではないかⅠ」は「だろう」、「ね」などと「確認要求の疑問文」に入ることができる。こうして、「範列の成立」という基準においては、以下のような結論を出すことができよう。

「（の）ではないかⅡ」
　　　　　　　　　　　＞（の）ではないかⅠ
「（の）ではないかⅢ」

③標示の義務性

　標示の義務性とは、特定の形態素による標示が、ある機能を表すために要求されることである。

　この点から分析していくと、「（の）ではないかⅠ」には、「～（よ）うではないか」の形があり、話し手の意志形成を表し、話し手自身の意志を示す。また、聞き手を巻き込んで認識を確立させようとする場合、「勧誘」を表す。言い換えれば、「（の）ではないか」という形式に限定し、「意志の表明」や「勧誘」を表そうとするとき、「～（よ）うではないか」の形をとらなければならない。一方、「（の）ではないかⅡ」にはこのような義務性がみられないため、「標示の義務性」という基準においては、以下のようなことが言えよう。

　（の）ではないかⅠ＞「（の）ではないかⅡ」

④形態素の拘束性

　形態素の拘束性とは、文法化される形が本来の性質を失い、語形変化などのような自由が喪失し、一定の形しか取れないことである。

この点において分析してみると、「(の) ではないかⅠ」は、「ない」を「なかった」にした言い方が存在しておらず、また、末尾を「～かなあ」「～かしら」にする言い方も不可能で、さらに、推量を表す「だろう」「でしょう」を加えた言い方もできない。それに対して、「(の) ではないかⅡ」は全部できる。故に、より自由な存在は「(の) ではないかⅡ」のほうである。こうして、次のようなことが言えよう。

　「(の) ではないかⅠ」＞「(の) ではないかⅡ」

⑤文法内での相互作用

　文法内での相互作用とは「一致現象」である。例えば、いわゆる否定の呼応現象がこれである。

　この点においては、「(の) ではないかⅠ」は蓋然性を表す認識副詞と共起できないのに対し、「(の) ではないかⅡ」は共起できることからみると、「(の) ではないかⅡ」のほうが、やや文法化の度合いが高いと言えよう。しかし、前項に蓋然性を表す認識副詞が現れれば、後項に「(の) ではないかⅡ」が必ず出るという呼応関係がないわけであり、ここでの判断は少し妥当性が欠けるように思われる。一応、「文法内での相互作用」という基準においては、次のような結論を出すことができよう。

　「(の) ではないかⅡ」＞「(の) ではないかⅠ」

　以上の5つの基準から分析してみた結果、「(の) ではないかⅠ」のほうが、「(の) ではないかⅡ」より、文法化の度合いが高いケースが多いが、かなりばらつきがあるような感じもあるため、一概には言えない。

　以上の4.3において、「(の) ではないか」の分類方法及びそれぞれの相違点について述べた。次の4.4において、各分類の細かい用法について論じる。

4.4 「(の) ではないか」の用法

　この節において、「(の) ではないか」の細かい用法について述べる。4.4.1

において、「（の）ではないかⅠ」の用法、4.4.2において、「（の）ではないか
Ⅱ」の用法を見る。4.4.3において、各用法間の関係について述べる。

4.4.1 「（の）ではないかⅠ」の用法
　この節では、発見、提示と確認の用法を見て、最後に特別の形式の「〜
（よ）うではないか」について見る。

4.4.1.1 発見
　話し手が今まで気づいていない物事、現象などが目の前で発生し、それに対
して驚きなどの感情をこめて表す場合、「発見」の用法である。ただし、話し
手が聞き手に共通認識を要求する場合、後述する「確認」の用法となる。発見
を表す「（の）ではないか」は以下のような例がある。

(129)　10C：えびがはいってる。

　　　　10A：あ、えび↑シュリンプ<u>じゃないですか</u>。

　(129) は、話者が話し相手の注意で、えび／シュリンプが入っていることに
気づき、驚いていることを表す。
　張（2004）により、発見を表す「（の）ではないか」は、発見を表す「と」
条件節に出現したり、「なんと」、「なんて」のような感嘆を表す副詞と共起す
ることができるという。これについては、筆者の修士論文（凌（2010））にお
いても検証している。以下の（130）と（131）は凌（2010）から引用した用例
である。

(130)　明窓の障子を開けて見る<u>と</u>紫<u>泉</u>の花なぞが咲いてる<u>じゃないか</u>。
(131)　渡されたサインペンで、『乙武洋′97・7・15』と書き入、「これでいい
　　　　ですか」と顔を上げたボクは、しばらく固まってしまった。<u>なんと</u>、彼
　　　　女の後ろに10人近くが並んでいる<u>ではないか</u>！

　しかし、今回の職場コーパスにおいて、このような用例は一例もなかった。

4.4.1.2　提示

　「(の) ではないか」は話し手が何かを述べ、自分自身の判断や評価、および意見を表すのに使用される場合、合わせて「提示」と呼ぶ。しかし、判断、評価と意見を同じように扱うわけにはいかないので、それぞれを①「判断の提示」、②「評価の提示」、③「意見の提示」とする。

①判断の提示

　判断の提示とは、話し手が物事を理解し、論理、基準などに従い、決めた考えを示す用法である。ただし、話し手が聞き手に共通認識を要求する場合、後述する「確認」の用法となる。

(132) 06B：だからー、あのー、ぼくはやっぱり、で、やっぱりま、クーラー、ま、それはあのー、ま、だから、そうゆうときはどっかクーラーのあるところへ行ってやる、ここはつけないとゆうほうが、あの、ぼくはいいん<u>じゃないか</u>と思うんですよね

　　　 06A：なるほど。

(133) 14H：とにかくあのー、いっしょけんめやってくれる人はいいんですけどね、親身になってね。せっかくですから。やっぱりあの、かっ。＜言いさし＞

　　　 14J：人間対人間の問題だから。

　　　 14H：あたった人によって非常に格差が出てくる<u>じゃないか</u>と思う、思うんですけどね。

　　　 15E：パブレストランのパブですかってゆう人もあるんだけど。

　(132) はクーラーをつけるべきかということに対し、話し手が付けないほうがいいと自分の考えを述べた用法である。(133) は大学事務員の間で、チュー

ターの公募について話し合う会話であり、話し手が「あたった人によって非常に格差が出てくる」と自分なりの考えを述べる用例である。

　こうして、「判断の提示」を表す「（の）ではないか」はよく「～と思う」の形と共起することが分かる。中には「～と」の形で終わる例もある。例えば、

（134）20C：バラバラにやる ###。
　　　　20B：基本的にねー、そうゆう観点からすればー、うーん、おかしいん<u>じゃないかと</u>。だから、なんのために変えるのかってゆう、ところもあるんだよね。

　（134）の場合、「と」の後ろの「思う」を省略された例であり、「～と思う」の形と同視する。もちろん、「判断の提示」を表す「（の）ではないか」の全てが「～と思う」の形を取るわけではない。普通に文末に現れる例も存在する。例えば、（135）は文末に使う判断を表す用例である。

（135）09A：あのー、えーとねー、塗装の人は［名字（09J）］さんだけか。あのー、組立ラインだとさー、たとえばねー、こうゆうものってあるかな。とゆうのは、ちょっと、認識としてあるかどうか。
　　　　09J：排ガス装置のドアぐらい<u>じゃないですか</u>。
　　　　09A：排ガス装置。あのー、いちばん最後の車検んところ↑

②評価の提示
　評価の提示とは、物事の性質、良し悪しなどを定めた評価を示す用法である。ただし、話し手が聞き手に共通認識を要求する場合、後述する「確認」の用法となる。今回、職場コーパスから収集した用例の中に、「じゃん」以外、評価の提示を表す用例がなかったため、BCCWJ の用例を挙げる。

（136）早坂：彼は天才だからね。

堀田：天才だからね。だから、もともとそういうタイプですよ。今度、
　　　監督になられて、すごいじゃないですか。人の使い方がね。

（BCCWJ）

　用例（136）は話し手（堀田）が「監督になった人」に対する自分の評価を
述べている。「評価の提示」を表す「（の）ではないか」は、「すごい」、「い
い」、「偉い」のような評価を表す言葉と共起しやすい。

③意見の提示
　意見の提示とは、物事に対する話し手自身の主張を示す用法である。ただ
し、話し手が聞き手に共通認識を要求する場合、後述する「確認」の用法とな
る。

(137) 06A：ほかにー、ほかの方（かた）はどうでしょうか。
　　　06E：今あのー、授業がー７月の終わりまでー、｜えー、えー（06A）｜
　　　　　　あるしー、それを考えるとぼくは、あのー、向こうの講義棟ので
　　　　　　すねー、ぜんぶクーラーを ｜うーん　（06A）｜ 設置したほうがい
　　　　　　んじゃないかと★ ####。
(138) 09B：あと５番のー、｜はい　（不明・男）｜ えー、じょーきーん（常勤）
　　　　　　業者の、おー詰所（つめしょ）、作業場（ば）ってゆうことでー、
　　　　　　えー、まず入口のほうにですねー、空き缶が、あのー、プラス
　　　　　　チックのゴミかごにー、上下（じょうげ）２段にいっぱいになっ
　　　　　　てたんでーあれは定期的に捨てられたほうがいいんじゃないか
　　　　　　と。

　（137）は話し手が向こうの講義棟に全部クーラーを設置したほうがいいとい
う主張を表す例であり、（138）はごみを定期的に捨てたほうがいいという主張
を表す用法である。「（の）ではないか」はそのどちらの例においても、「…ほ

うがいい」の形と共起している。今回の研究で、「意見の提示」を表す「（の）ではないか」はよく「…ほうがいい」の形と共起することが分かったが、その次に多い形式は「…ばいい」である。例えば、

(139) 15A：＄＃＃＃＃＃＃＃＃、あのー高校の時の先生がー｜うん　(15C)｜、
　　　　　＃＃に来てくれたんでー、＜笑い＞一緒に飯食い行ったんですよー｜うん　(15C)｜、たら、ポイント、なんかスタンプいっぱい、たまるやつだから。
　　　15C：カード作ればいんじゃないかー。
　　　15A：はい。

　「…ほうがいい」はよいと思われることを述べて、聞き手に対して忠告やアドバイスをする時に使う表現であり、「…ばいい」は相手に特定の行動をとるように勧めたり、提案したりする表現である。「（の）ではないか」はそのアドバイスや提案を提示する役割を果たしている。
　以上、提示の用法について論じた。次の 4.4.1.3 において、確認の用法について述べる。

4.4.1.3　確認
　確認とは話し手が聞き手に情報を提示し、自分と同じように認識させようとする用法である。その情報は話し手だけにある場合と、話し手と聞き手の両方にある場合がある。

(140) 12B：で、それからその当時スペインからなんか、あの、ピラピラあるじゃないですか、襟。
　　　12C：うん、うん。
　　　12A：うん、うん、襟のピラピラ。

　用例（140）は話し手が聞き手も知っているのだろうと、スペインからの
「襟のピラピラ」があることを提示し、聞き手に自分と同様な認識状態になる
ようと要求する例である。

（141）11H：母国語がベンガル語なんでしたっけ↑
　　　　11E：きのうやってた<u>じゃないか</u>、バングラディッシュなあ↑ NHK
　　　　　　　（エヌエチケー）で。
　　　　11H：なにがですか。★特集で↑

　（141）は話し手が聞き手に「昨日、NHK でバングラディッシュやってい
た」ことを提示し、同じように認識させようとする用例であるが、聞き手の反
応をみると、その情報は話し手のほうにあることが分かる。ただし、情報はど
ちらにあるかを判断するには、会話の前後文を考慮しなければならない。
　　以上は確認の用法について見たが、次の 4.4.1.4 において、「〜（よ）うで
はないか」という形式を見る。

4.4.1.4 「〜（よ）うではないか」
　「（の）ではないか」は意志動詞の意志形に接続し、「〜（よ）うではないか」
の形で、話し手の意志形成を表し、話し手自身の意志を提示する。ただし、聞
き手を巻き込んで認識を確立させようとする場合の「〜（よ）うではないか」
は「勧誘の提示」の用法となる。今回の職場コーパスにおいて、1 例しか収集
できなかった。

（142）04B：だから、まあ、その、そうゆう専門家による検討会議をやって、
　　　　　　　（うんうんうん In（f　女））その検討結果を踏まえて（うーん
　　　　　　　In（f　女））また審議会のほうで★議論<u>しようじゃないか</u>ってゆ
　　　　　　　う話になりまして。
　　　　04A：→あ、なるほどね、うん、なるほどね、←うん。

（142）は典型的な例ではないが、検討結果を踏まえてまた審議会のほうで議論しようという誘いかけを表しているので、勧誘の用法となる。

　ここからは中日対訳コーパスの例を引用しながら、「意志の提示」及び「勧誘の提示」の用法の説明をしたいと思う。

（143）私一人に終らせず御同業の全国大学教員すべてに、心からの安堵を呈すべく、やや無理な切り継ぎ引用をあえてした次第である。この貴重な証言を残してくれた田中美知太郎に、深く感謝の意を表しようではないか。　　　　　　　　　　　　　　　　　　　　　（中日対訳コーパス）

（144）子路としては先ず己の主人を救い出したかったのだ。さて、広庭のざわめきが一瞬静まって一同が己の方を振向いたと知ると、今度は群集に向って煽動を始めた。太子は音に聞えた臆病者だぞ。下から火を放って台を焼けば、恐れて孔叔を舎すに決っている。火を放とうではないか。火を！　　　　　　　　　　　　　　　　　　　　（中日対訳コーパス）

　（143）は話し手が田中美知太郎に自分の感謝の意を表すという意志を表す例であり、（144）は話し手が自分の主人を救い出すために、放火をする決意を表す例である。意志の提示を表す場合、心内文であるケースが多く存在する。またそうであるゆえ、今回の職場コーパスにおいて、用例が少なかった要因になると思われる。なお、テレビドラマにおいて、次のような用例があった。用例の話し手の名前はドラマの登場人物の名前である。

（145）戸川：はい、分かりました。あと、斑目所長が早速殺人事件の弁護を引き受けたようです。
　　　　佐田：この深山という男がいる。こいつに任せろ。
　　　　戸川：はい、失礼致します。
　　　　佐田：お手並み拝見といこうじゃないか。

（145）の「お手並み拝見といこうじゃないか。」は話し相手が去った後、話し手が発した独自の会話であり、その心理活動を表している。

（143）、（144）と（145）は聞き手の関与と関係なく、話し手の意志を提示する用法であるが、話し手が聞き手に自分の主張をアピールし、さらに自分が望んでいる行動を聞き手に要請する場合、勧誘の提示となる。

（146）「厄介だな。それじゃ濡衣を着るんだね。面白くもない。天道是耶非かだ」
　　　「まあ、もう二三日様子を見ようじゃないか。それで愈となったら、温泉の町で取って抑えるより仕方がないだろう」　　　（中日対訳コーパス）
（147）「妙に今夜は眠られない」と銀之助は両手を懸蒲団の上に載せて、「まあ、君、もうすこし話そうじゃないか。僕は青年時代の悲哀ということを考えると、毎時君の為に泣きたく成る。〜」　　　（中日対訳コーパス）

　（146）は話し手が聞き手にもう二三日様子を見ることを勧誘し、（147）は話し手が聞き手にもう少し話をすることを要請している。（146）と（147）のどちらも話し手自身の意志であるが、聞き手にそう行動しようと要求するほうに傾いている。

　以上、4.4.1 において、用例と共に「(の) ではないかⅠ」の用法について見たが、次の 4.4.2 において、用例と共に「(の) ではないかⅡ」の用法を見る。

4.4.2 「(の) ではないかⅡ」の用法

　「(の) ではないかⅡ」は推測を表す。推測とは、今までに知っている知識や情報などを基に、物事について多分そうであろうと推定する用法がある。話し手は完全に確定できないが、それを認めるほうに傾いている。

（148）11F：まだお元気じゃないですか↑

11C：いや、ほんとはねー。うちは早かったから、父が亡くなったの
　　　は。
11A：あれ、その歳で、あれ、その歳で高等師範ですか↑文理大じゃ★
　　　なくて。

　（148）は話し手が確かな情報を持っていないが、多分聞き手のお父さんがま
だ元気であろうと推定した例である。推測を表す「（の）ではないか」は確定
できない場合が多いため、（148）のように上昇のイントネーション（↑は上昇
イントネーションを表す）をとるか、または文末に「かな（あ）」と共起する
ことが多い。

（149）05 男：どこのことばだろね、★うざったいって、★あれ。05A →ね。
　　　　　　　←→きっと←
　　　　　　　なんか方言からきてんじゃないかな、うざったいって。
　　　05 男：いや、東京ですよ。
（150）06A：組織図で逃げる。
　　　06B：んー、それであとー、ちょっとー、概説でしょいきれないとこカ
　　　　　バーするしかしょうがないんじゃないかな。

　また「だろう」や「でしょう」と共起する用例もある。

（151）09B：そうゆう、ああゆー、ま排水処理だと、薬品扱ってますんでー、
　　　　　メガネだとかですねー、ゴム手袋の、着用基準、書く必要がある
　　　　　んじゃないだろうか。
（152）13G：ちょっと、### くれるあ、あ、じゃあ、これ、修正を。うん、こ
　　　　　ことここがね、こうゆうことじゃないでしょうかって。

　以上、「（の）ではないかⅠ」と「（の）ではないかⅡ」の用法について見た

が、次の 4.4.3 において、各用法間の関係について述べる。

4.4.3　各用法間の関係

　以上、それぞれの構文的特徴と意味的特徴に基づき、「(の) ではないかⅠ」と「(の) ではないかⅡ」の用法について紹介したが、実は各用法の間には連続するところがあるため、截然と分類できないような場合も存在する。例えば、(153) のような用例は、話し手が「2000 円もするスタジオ代がつらい」という自分の主張を表しながら、聞き手にも自分と同じような認識を要求している。要するに、「判断の提示」でもありながら、「確認」の用法も入っている。

(153) 21A：スタジオ代でさー、ひとり 2000 円てつらい<u>じゃないか</u>、練習。
　　　 21B：つらいよー、絶対いやだ。

　(153) のような場合は、「(の) ではないかⅠ」類の内部で発生しているが、「(の) ではないかⅠ」と「(の) ではないかⅡ」に跨って起こることもある。例えば、(154) のような用例は、話し手が自分の推測を言いながら、聞き手に「そうであろう」と確認を取っているようなものである。この場合は「確認」用法と「推測」用法の連続[11]が見られる。

(154) T：あの韓国で日本語を勉強したい人は多いですか
　　　 S：多いですね
　　　 T：ふーん、む、昔は、うーん、したくない人も多い<u>んじゃないですか</u>
　　　 S：でも、日本語を勉強したくない人、したくないって言っている人は

---

11)　ここでいう「連続」は用法が全く同じということではなく、各用法は独立した特徴を持ちながら、互いに重なる部分がある。問題はその重なる部分はどんなものなのか、なぜその部分が生じるのかである。それを究明するのが今後の課題である。

あまりいないです

　連続性は以上のような場合だけでなく、また各用法間にも存在するものである。この現象をどう説明すればいいかはかなり難しい問題であり、または、より妥当な分類方法が見つかれば解決できるのかもしれないが、これを今後の課題として考察をしたい。

4.5　おわりに

　本章では、職場コーパスから収集した用例の分析と共に、「(の) ではないか」の分類及び各分類の細かい用法について述べた。それをまとめると、以下の表になる。

表 49　「(の) ではないか」の分類と用法

			共通認識を要求する	共通認識を要求しない
(の) ではないか Ⅰ	①発見		×	○
	②提示	a 判断の提示	×	○
		b 評価の提示	×	○
		c 意見の提示	×	○
	③確認		○	×
	④〜 (よ) うではないか	a 意志の表明	×	○
		b 勧誘	○	×
(の) ではないか Ⅱ	⑤推測		○	○
(の) ではないか Ⅲ	⑥否定疑問文		○	○

　そして、「(の) ではないか」の3分類には相違点が存在しており、それは構文的特徴から、また文法化の度合いの高低から区別することができる。さらに、各用法の間には連続性が見られており、互いに独立しているものでもあり

ながら、重なる部分もあり、どちらにもなれるような場合も存在する。この点
においては、より詳しく考察していく必要を感じ、今後の課題として研究して
いきたいと思う。

第5章 「じゃん」について

5.1 はじめに

　本章では「(の) ではないか」の類似表現「じゃん」について考察する。「じゃん」は静岡県から横浜に伝わり、更に東京に入ったという。本章はまず、5.2 において、「じゃん」の実態調査を行う。そして、5.3 において、職場コーパスと CSJ で収集した用例を使い、「じゃん」の用法を見て、「(の) ではないか」と「じゃん」の相違点を見る。

5.2 「じゃん」の実態調査

　職場コーパスにおける「じゃん」の調査は既に第4章において行ったため、本章では、更に、日本語話し言葉コーパス (以下は CSJ と呼ぶ) と、日本語日常会話コーパス (以下は CEJC と呼ぶ) を加える。そして、「じゃん」、「じゃんか」と「じゃんね」[12] という3つの形式を扱う。この実態調査を通じて、「じゃん」はどのような年齢層、どのような場面で使用されるかを明らかにし、また男女差が存在するかどうかを究明する。

5.2.1 職場コーパスでの使用実態

　職場コーパスにおいて、「じゃん」を 128 例、「じゃんね」を1例収集した。

---

12)　松丸 (2001) によると、「じゃんね」の形は存在しないというが、実際に使用されている。

(155) だって、ぜんぜんわかんない、英語いわれたって。英語なんかわかるわ
けない<u>じゃん</u>、あたしに。だって、引っ越しんときにさー、［名字の一
部］ちゃんの CD、英語のタイトルの中でー、分けれなくてぜんぜん。
最後のほうもー、英語だと思って、なんだっけ、マイケルジャクソンが
読めなかった。

(156) ビビってかわいい<u>じゃんねえ</u>。なんかツィギーの孫みたいでさ。

　次に「じゃん」を使用した人の年齢と性別を見る。

表 50　職場コーパスにおける「じゃん」の使用実態

	10代	20代	30代	40代	50代	計
女性	0	56	10	4	1	71
男性	1	15	22	9	7	54
総計	1	71	32	13	8	125

　表 50 を見ると、職場コーパスにおいて、10 代～50 代に渡り、「じゃん」は
かなり広い年齢層に使用されるが、20 代、特に 20 代の女性による「じゃん」
の使用が最も目立つ。

5.2.2　CSJ での使用実態

　CSJ において、「じゃん」を 45 例、「じゃんね」を 1 例、「じゃんよ」を 1 例
収集した。

(157) 最適な配合条件を調べておしまいっていうことが実際問題多いのでま
んなるそんならですね繰り返し測定なんて要らない<u>じゃん</u>という思いも
あって今回はり割り付けにしていますでここら辺ちょっと飛ばします。

(158) 全然そんな神社とかなくてであれーとか言ってどうしたんだろうねとか
言って取り壊されたのかなとかっていう風に話しててで何もない<u>じゃん</u>

ねとか言ってよくよく見るとその階段を上り切ったとこのこっち側に凄
いちっちゃな祠と言うかお稲荷さんが祭ってあるんですよ。

(159) バンドだじゃお前バンドばっかやってんだったらその辺にいるやつと変
わんねえよたまにいるじゃんよ何か売れねえミュージシャンみたいなや
つでロン毛でさとか言って冴えねえ顔しやがってとかって言うやついる
けど…

次に「じゃん」を使用した人の年齢と性別を見る。

表51　CSJ における「じゃん」使用実態

	10代	20代	30代	40代	50代	計
女性	0	14	4	4	1	23
男性	0	15	6	1	0	22
総計	0	29	10	5	1	45

　CSJ において、20代～50代に渡り、「じゃん」はかなり広い年齢層に使用さ
れるが、20代による「じゃん」の使用が最も多いが、男女差はあまりない。

5.2.3　CEJC での使用実態

　CEJC において、「じゃん」を1239例、「じゃんか」を35例、「じゃんね」
を23例収集した。

(160) 逆の逆のほうが開いた開く開いたんだうんうんあーそそうまそう次の駅
が逆側だったからまた抜けなくてあーだめじゃんどうしようもないあー
だめじゃん。

(161) 二十歳のころってスちょいちょい前じゃんか。

(162) バンクとかやーいや子供とか乗ってたよびゅーってね子供はねあの一輪
のこうゆう二個付いてるやつのとかさすんごいやってんじゃんね。

次に「じゃん」を使用した人の年齢と性別を見る。

表 52　CEJC における「じゃん」使用実態

	0〜9	10 代	20 代	30 代	40 代	50 代	60 代	70 代	80 代	90 代	計
女性	2	12	115	150	170	190	38	3	3	1	684
男性	7	59	194	93	80	42	28	52	0	0	555
総計	9	71	309	243	250	232	66	55	3	1	1239

　CEJC は 3 つのコーパスの中で、最近に公開されたデータであり、調査対象も 0 歳から 90 代に渡り、すべての年齢代が含まれている。表 52 から、女性のほうが「じゃん」をよく使用することが分かる。そして、「じゃん」の使用は全ての年齢層に渡るが、20 代が最も多い。

　5.2 をまとめると、「じゃん」、「じゃんか」と「じゃんね」の 3 つの形式のうち、「じゃん」が最も使われやすい。そして、調査時において、「じゃん」は 20 代の若い人に多用される。

　次に「じゃん」の用法について見る。

5.3　「じゃん」の用法

　この節において、職場コーパスと CSJ から収集した「じゃん」の用例を分析し、「じゃん」の用法を究明し、「（の）ではないか」との比較を行う。職場コーパスから 128 例、CSJ から 45 例を収集したが、副詞の「じゃんじゃん」のような妥当ではない用例を除外すると、それぞれ 120 例と 41 例になる。それぞれの用例を分析しながら、「（の）ではないか」と同じ順番で「じゃん」の用法を見る。

5.3.1　発見の「じゃん」
　発見を表す用例として、以下の用例がある。

(163) 18J：お、こりゃ涼しい<u>じゃん</u>、天気予報はずれだよー。

　　　18A：えー、＜笑いながら＞予想最高 31 度。

　　　18J：ま、まだ、こだわってんだね↑

　　　8A：うん、ま、まだ、予想に比べれば。きょう 32 とかいってましたか
　　　　　らね、最初。

(164) 18A：あ、＜笑いながら＞別にそれはー、え、だいじょぶですけどー、
　　　　　はい。じゃー、お預かりをします。

　　　18H：＄＃＃＃＃ ｜はい　（18A)｜、＃＃＃＃ ｜はい　（18A)｜。

　　　18A：はい、お預かりしまーす。＜間　15 秒＞だめ<u>じゃ</u>ん、だめ<u>じゃ</u>
　　　　　ん</u>だめ<u>じゃん</u>だ、あっ。こうゆうことなのかな↑、ちょっと待っ
　　　　　て下さいね。今、ちょっと原因を究明します。

　　　18B：はい↑＜間　5 秒＞

　　　18A：あれ、［名字（18E)］さんの名前で入ってる。

　（163）は話し相手の注意ではなく、自分が持っている天気予報の情報によ
り、本当は暑いはずの天気が思ったより涼しいことに気づいた例文であり、驚
きのニュアンスも入っている。（164）は自分自身で何かを操作し、うまくいか
ないことに気づいた用例である。

5.3.2　提示の「じゃん」

　この節において、判断の提示、評価の提示と意見の提示を表す用例を 1 例ず
つ挙げる。

(165) 09M：なんでスウェーデンなんか行くの。なんで行くの↑

　　　09K：いや、夏、暑かったから。＜笑い　複数＞

　　　09M：なんか違う理由があるんじゃないの。＜笑い　複数＞

　　　09M：だって普通さー、旅行ってスウェーデン行こうって話にならん
　　　　　<u>じゃん</u>。

　　　　09K：とにかく北に行こうと思ったんですよ、そのときは。
(166) 15E：でも、きのうはね、ぜったいね、時間通りに。＜間＞
　　　　15A：すごいじゃん。
　　　　15E：あたしがうるさくゆうから。＜笑い・複＞後ろでね、★チェック
　　　　　　　してるから。
(167) 01A：電話すればいいじゃん。教えてあげようか↑、連絡先。
　　　　01C：遅くまででてきたらやだもん。

　（165）は普通でいう旅行はスウェーデンに行く旅行ではないという話者の判
断を表す用例である。（166）はいつも遅刻してくる子が時間通りに来たことに
対し、プラスの評価を表す用例である。（167）は話し相手に助言し、自分のア
ドバイスを述べる用例である。

5.3.3　確認の「じゃん」
　この節において、確認を表す「じゃん」の用例を見る。

(168) 03A：じゃ、入るよ。ジャイアンツ戦だって、あのー、ネット裏以外で
　　　　　　　見たことないもん。
　　　　03B：そんなこと★ゆってないじゃん。
　　　　03A：＜笑いながら＞→さんざん←ゆってるよー。
　　　　03B：そうかなー、でもあたしに手配は1枚もしてくれない。

　（168）は話者自身が「そんなこと、言っていない」と聞き手に確認をしてい
る用例である。
　以上、職場コーパスとCSJにおいて、発見、提示と確認を表す「じゃん」
の用例が収集できたが、「（よ）うじゃん」の形をとっている用例と推測を表す
用例は収集できなかった。「（の）ではないか」に比べ、「じゃん」は意味・用
法的にかなり限定されていることが分かる。

5.4 おわりに

本章では、「(の) ではないか」の類義表現である「じゃん」について、職場コーパス、CSJ、及び CEJC という 3 つの話し言葉コーパスを用いて、その実態調査を行った。結論として、「じゃん」、「じゃんか」と「じゃんね」の 3 つの形式のうち、「じゃん」が最も使われやすい。そして、調査時において、「じゃん」は 20 代の若い人に多用されることが言える。

そして、実態調査の後で、職場コーパス、CSJ の用例を分析し、使用される「じゃん」の用法をみた。その結果は次の表 53 になる。

表 53 「じゃん」のデータ集計

用法		職場コーパスの用例数	CSJ の用例数
発見		7	4
提示	判断の提示	35	26
	評価の提示	0	1
	意見の提示	0	5
確認		78	5
意志の提示		0	0
勧誘		0	0
推測		0	0
合計		120	41

「じゃん」は「(の) ではないか」と重ねる用法もある (発見、提示と確認) が、「(の) ではないか」と比べ、意味・用法的にかなり限定されている。「ようじゃん」の形も存在しなければ、推測の用例もない。

終章

　本研究では、否定疑問文「(の) ではないか」という形式、及びその類似表現である「じゃん」について考察した。主に 2 形式の使用実態を調査し、実際に用いられる用例の分析を行い、それぞれの用法を明らかにした。その結論は以下の通りである。

i 「(の) ではないか」にはバリエーションが多くある。そして、バリエーションごとの使用頻度も使用傾向も異なり、それぞれの特徴がある。しかし、今回は書き言葉コーパスのみで調査を行った。今後の課題として、CSJ、名大会話コーパス、及び CEJC も使用し、「(の) ではないか」について調査を行い、そのバリエーションを全般的に把握することが考えられる。

　そして、実際に使用されている用例の分析により、「(の) ではないか」の細かい用法まで網羅したと考えているが、言葉は常に変化するものであり、今後もその発展を追っていきたい。

　最後に、「(の) ではないか」は否定疑問文でもあり、確認要求表現としても使われ、モダリティの性格を持っている。本研究では、それを否定疑問文と見なし、確認要求の他に、更に細かい用法がたくさんあることを明らかにした。そのため、「(の) ではないか」の位置づけをどのようにするかはまだ迷いがあり、今後の課題に譲る。

ii 「じゃん」は「(の) ではないか」と違い、あまりバリエーションがなく、「じゃん」、「じゃんか」と「じゃんね」という 3 つの形に限られる。

本研究では、この3つの形式の相違点について考察していないが、3者の間には共通しているところもあるが、重ならない部分も存在するはずである。今後は「じゃんか」と「じゃんね」の用例を分析し、3形式の特徴を明らかにする。

　そして、今回の調査で、「じゃん」は広い年齢層に渡り使用されているが、特に20代による使用が多いことが分かった。今後は年齢差、男女差の他に、出身地の差についても調査を行いたい。

iii 「(の) ではないか」と「じゃん」の重なる用法として、発見、提示と確認の3つがある。東京方言話者（松丸氏）の内省によると、「じゃん」は上昇イントネーションをとることで、推測にも使えるとなっているが、今回の調査では、そのような用例はなかった。今後は用例の数を増やし、または、東京方言話者を対象に、アンケート調査を行い、「じゃん」への理解を深めたい。

iv 筆者は修士論文において、「(の) ではないか」の中国語訳について調査したが、「じゃん」の場合はどうなるのか。「(の) ではないか」と同じように、「不是……吗」に翻訳されるのか、それとも、違う表現が使用されるのか。今後、日中の対照研究も行いたい。

謝辞

　本書をまとめるにあたり、終始適切な助言を賜り、温かく見守ってくださった高橋雄一教授に厚く感謝の意を表します。論文の書き方、構成、言葉づかい及び例文の分析等、何から何まで、ご指導いただき、本当にありがとうございます。

　また、コーパスから用例を収集する際に、丸山岳彦教授に検索方法などをお教えいただき、ここに感謝いたします。そして、論文の書き方に適切な助言をくださった阿部貴人教授に感謝の意が堪えません。さらに、松本泰丈教授からもいろいろ助言をいただき、ここに深い感謝の意を申し上げます。

　最後に、同窓生の皆さん、大学院生の方々など研究室のメンバーには常に激励をいただき、精神的にも支えられました。本当にありがとうございました。

　本書は専修大学課程博士論文刊行助成を受けて刊行いたします。

参考文献

安達太郎（1992）「「傾き」を持つ疑問—情報要求から情報提供へ—」『日本語教育』77　日本語教育学会

安達太郎（1999）『日本語研究叢書 11　日本語间句における判断の諸相』くろしお出版

安達太郎（2002）「第 5 章　質問と疑い」『新日本語文法選書 4　モダリティ』くろしお出版

石川慎一郎（2012）『ベーシックコーパス言語学』ひつじ書房

大堀壽夫（2005）「日本語の文法化研究にあたって」『日本語の研究』第 1 巻 3号

井上史雄（1998）『日本語ウォッチング』岩波書店

井上史雄（2008）『社会方言学論考—新方言の基盤—』明治書院

井上優（1994）「いわゆる非分析的な否定疑問文をめぐって」『国立国語研究所報告 107　研究報告 15』国立国語研究所

グループジャマシイ（1998）『教師と学習者のための日本語文型辞典』くろしお出版

小池清治（2002）『日本語表現・文型事典』朝倉書店

近藤雅恵（2010）「文献にみるデハナイカ」『日本語形態の諸問題—鈴木泰教授東京大学退職記念論文集』ひつじ研究叢書＜言語編＞第 89 巻　ひつじ書房

佐藤雄亮（2010）「［のではないか］における［質問］と［疑い］の差異—BCCWJ の用法分析から—」『日本語文法』10 巻 2 号　日本語文法学会、くろしお出版

砂川有里子編、滝沢直宏ほか著（2016）『コーパスと日本語教育』朝倉書店

高橋太郎（2005）『日本語の文法』ひつじ書房

田中章夫（1983）『東京語―その成立と展開―』明治書院

田野村忠温（1988）「否定疑問文小考」『国語学』152　国語学会

田野村忠温（1990）『現代日本語の文法Ⅰ―「のだ」―の意味と用法』和泉選書

田野村忠温（1991）「疑問文における肯定と否定」『国語学』164　国語学会

田村貞雄（2000）「「ええじゃないか」研究の現状と問題点」『幕末維新論集5　維新変革と民衆』吉川弘文館

張　興（2004）「『ではないか』の用法について」『世界の日本語教育』14　凡人社

張　興（2006）「『のではないか』と"是不是"の対照研究」『日中言語対照研究論集』8　日中対照言語学会

張　興（2008）『"要求確認"表現形式の日漢対比研究』外語教学與研究出版社

仁田義雄・益岡隆志（1989）『日本語のモダリティ』くろしお出版社

仁田義雄（1992）「判断から発話・伝達へ―伝聞・婉曲の表現を中心に―」『日本語教育』77　日本語教育学会

仁田義雄（1992）『日本語のモダリティと人称』ひつじ書房

仁田義雄・益岡隆志・工藤浩（2000）『日本語の文法3　モダリティ』岩波書店

日本語教育学会（1982）『日本語教育事典』大修館書店

日本語記述文法研究会編（2003）『現代日本語文法4　第8部　モダリティ』くろしお出版

日本語文法学会（2014）『日本語文法事典』大修館書店

野田春美（1997）『の（だ）の機能』日本語研究厳書9　くろしお出版

ハイコ・ナロック（2005）「日本語の文法化の形態論的側面」『日本語の研究』第1巻3号

蓮沼昭子（1993）「日本語の談話マーカー「だろう」と「じゃないか」の機能―共通認識喚起の用法を中心に―」第1回小出記念日本語教育研究会論文集

蓮沼昭子（1995）「対話における確認行為『だろう』『じゃないか』『よね』の確認用法」仁田義雄編『複文の研究（下）』くろしお出版社

P・Jホッパー/E・Cトラウゴット（著）（日野資成訳）（2003）『文法化』九州大学出版会

前田勇（1977）『大阪弁』朝日選書80　朝日新聞社

松丸真大（2001）「東京方言のジャンについて」『阪大社会言語学研究ノート』3

松丸真大（2006）「方言における確認要求表現の対照研究にむけて」『日本のフィールド言語学—新たな学の創造にむけた富山からの提言』桂書房

松丸真大（2007）「「確認要求表現」とその分布—否定疑問形式を中心に—」『日本語学』26巻11号

松丸真大（2009）「確認要求表現からみた日本海沿岸地域の特徴」『日本海沿岸社会とことば』桂書房

松丸真大（2010）「確認要求表現からみた日本海沿岸地域の特徴」『東アジア内海の環境と文化』桂書房

松丸真大（2012）「日本語の攻防　言語変種　確認要求表現の広がり」『日本語学』31巻6号

松村明（1971）『日本語文法大辞典』明治書院

嶺田明美（2000）「愛知県東部方言における文末詞についての研究」『学苑』718　昭和女子大学近代文化研究所

嶺田明美（2001）「愛知県東部方言における文末詞についての研究（2）」『学苑』729　昭和女子大学近代文化研究所

三宅知宏（1994）「否定疑問文による確認要求的表現について」『現代日本語研究』1　大阪大学文学部日本語学科

三宅知宏（1996）「日本語確認要求的表現の諸相」『日本語教育』89　日本語教育学会

三宅知宏（2005）「現代日本語における文法化」『日本語の研究』第1巻3号

宮崎和人（1996）「否定疑問文の述語形態と機能—「（ノ）デハナカッタカ」の

　　位置づけの検討—」『国語学』194　国語学会

宮崎和人（1996）「確認要求表現と談話構造」『岡山大学文学部紀要』25　岡山
　　大学文学部

宮崎和人（2000）「確認要求表現の体系性」『日本語教育』106　日本語教育学
　　会

宮崎和人（2001）「認識のモダリティとしての〈疑い〉—「ダロウカ」「ノデハ
　　ナイカ」—」『国語学』206　国語学会

森篤嗣・庵功雄（2011）『日本語教育のための多様なアプローチ』ひつじ書房

森山卓郎（1989）「コミュニケーションにおける聞き手情報—聞き手情報配慮
　　非配慮の理論—」『日本語のモダリティ』くろしお出版

森山卓郎（1995）「ト思う、ハズダ、ニチガイナイ、ダロウ、副詞〜—不確実
　　だが高い確信があることの表現—」宮島達夫・仁田義雄編『日本語類義表
　　現の文法（上）単文編』くろしお出版社

森山卓郎（2000）『ここからはじまる日本語文法』ひつじ書房

森山卓郎・仁田義雄・工藤浩（2000）『日本語の文法3　モダリティ』岩波書
　　店

山口明穂・秋元守英（2001）『日本語文法大辞典』明治書院

山口佳也（2011）『「のだ」の文とその仲間　文構造に即して考える』三省堂

山口佳也（2016）『「のだ」の文とその仲間・続編　文構造に即して考える』三
　　省堂

山本剛史（2010）「愛知県東部地方（東三河地方）における「ジャン」の用法」
　　『方言・音声研究』4　方言・音声研究会

凌　飛（2010）『「ではないか」の用法及びその中国語訳についての一考察』修
　　士論文　天津外国語大学

凌　飛（2016）「「（の）ではないか」の使用状況についての考察—会話コーパ
　　スを利用して—」『専修国文』第99号

凌　飛（2018）「「（の）ではないか」の各用法間の関係について」『専修国文』
　　第102号

凌　飛（2020）「BCCWJ による「（の）ではないか」の実態調査―非縮約形の
　　バリエーションを中心に―」『専修国文』第 106 号

参考資料

『現代日本語書き言葉均衡コーパス（BCCWJ）』国立国語研究所
『女性のことば・男性のことば（職場編）』2011.5　現代日本語研究会　ひつじ
　　書房
『中日対訳コーパス』CD-ROM 版　2003.7　第一版　北京日本語研究セン
　　ター企画・開発研究代表者徐一平、馮志偉、厳安生
『日本語話し言葉コーパス（CSJ）』　国立国語研究所
『日本語日常会話コーパス CEJC』国立国語研究所

凌　　飛 (LING FEI)

2007 年 6 月	山東科技大学 (中国) 外国語学院日本語学部日本語学科卒業　学士 (文学)
2010 年 3 月	天津外国語大学 (中国) 大学院日本語日本文学専攻修士課程修了　修士 (文学)
2010 年 8 月	青島浜海学院日本語学部講師 (〜2013 年 3 月)
2017 年 9 月	山野日本語学校非常勤講師
2018 年 4 月	専修大学大学院文学研究科任期制助手 (〜2020 年 3 月)
2020 年 3 月	専修大学大学院文学研究科日本語日本文学専攻博士後期課程修了　博士 (文学)
2020 年 4 月	駿台外語＆ビジネス専門学校非常勤講師
2020 年 4 月	駿台法律＆ビジネス専門学校非常勤講師
2020 年 4 月	専修大学国際コミュニケーション学部兼任講師

現代日本語の文末形式「(の) ではないか」

2021 年 2 月 26 日　第 1 版第 1 刷

著　者　凌　　飛

発行者　上原　伸二

発行所　専修大学出版局
　　　　〒 101-0051　東京都千代田区神田神保町 3-10-3
　　　　　　　　　　　　　　　　(株) 専大センチュリー内
　　　　電話 03-3263-4230 (代)

印　刷　亜細亜印刷株式会社
製　本